REVISTA LETRARE

Shtëpia e letërsisë shqipe

Pranverë, 2024

GRUPI THEMELONJËS

Mitrush Kuteli · Vedad Kokona
Nexhat Hakiu · Sterjo Spasse

Drejtimi: REVISTA LETRARE
pranë Institutit të Stud. Shqiptare

ÇMIMI fr. shq. 1.

REVIS

| E Përkohëshme Letrare | Viti I · Nr. 1 · |

NË PRAGUN E PUNËS

DUKE botuar këtë revistë të vogël qëllimi i ynë nuk ka qënë tjetër veçse të përqëndrojmë rreth shtyllave të saj fuqitë prodhonjëse të mëndjes; të çelim shtigje të ra në lëmin kulturor duke ndjekur gjurmët e atyreve, që u përpoqën të hapin udhën e parë, dhe të lëshojmë një shkendijë të re në mes të kaosit mendor shqiptar.

Nuk kemi as pikën e dyshimit se të shumët do të jenë ata që do 'ta marrin sipërmarjen t'onë si një marrëzi të vërtetë, si diçka anakronike, dhe neve si njerëz që kemi humbur pusullën dhe nuk dimë se ç'bëjmë.

Edhe me të vërtetë, të rish e të meresh me kulturë në një kohë kur bota digjet zjarr e flakë, kur njerëzia e ka humbur konceptin e qetësisë shpirtërore, kur edhe foshnjet dridhen nga ulurima rëngjethëse e sirenavet, i duket tjetrit si një gjë e çuditëshme që mund të gjejë shpjegimin e saj në një tronditje pathologjike apo në një ekzaltim të tepëruar.

që nuk shëkon nga pas për mos u tmerruar nga honi ku mu të bjerë, as edhe lartë nga fri se mos e lëshojë zëmra kur të s kojë se ç'mundime duhet te he për të arrirë gjer lart në majë

Edhe në kështu do bëjmë daçim t'i hyjmë kësaj së përp te që po na pret Se në i hethço sytë nga pas e t'i shëkojmë sh kët t'anë që kanë punuar më rë se në e t'i shohim atje të sh rë kur dergjen në thellësin e b hës përpara punës së filluar p të pakryer, o në i hethçim sy përpara e të shëkojmë se ç pret, pa dyshim do të trondites dhe nuk do të kishim aspak g xim të fillonim një punë që kap xën fuqitë t'ona të paka.

Të paka me të vërtetë janë tò e e vështirë fort vepra duhet bërë. Përpara portës së kurtë dhe të rëndë që ka m llur një botë mendore duhet tingëllojë fjala magjike: «Sezë hapu!»

Por në nuk u zëmë besë fja

A LETRARE

15 Shkurt 1944. | Del dy herë në muaj

IJA TE VITIT LETRAR 1943

rri 1942 u mbyll me një zi të rëndë
jo vetëm për botën e letrave, po
edhe për gjithë botën shqipëtare:
*Faik Konica, Babaj i prozës dhe i
kës shqipëtare.*

yke evokuar në të përkohëshmen
ndija fytyrën e edukur, atje në dhé
rgë, Vangjel Koça e quante me shu-
ë drejtë Faik Koniçën «Fytyrë vi-
të Rilindjes Shqipëtare».

s disa muaj — në fillimin e Gushtit —
ej nër valët e Adriatikut edhe vetë
jel Koça.

ncikopedist, me njoftime të gjëra
shumë fusha të kulturës, punëtor i
odhur, stilist i ëmbël, Vangjel Koça
ë bosh të math në jetën kulturale
rëndit. Vdekja e tij është aqë më e
abëshme po të mendojmë se Van-
nuk e kish krijuar edhe veprën e
përfaqësimtare edhe se shpinte me
në Itali pjesën më të madhe të
shkrimeve të pabotuara.

begatshëm në ngjarje politike edhe
arake, viti 1943 pat qënë i vobektë
në prodhime letrare. Kjo veçanërisht
pjesën e nëntë muajve të parë.

diferencë nga ana e autoriteteve
pëtare, sulm nga ana e italianëve për
përhapur librën italishte, mungesë
abiliteti për shtypëshkronjat, indi-
nga ana e librashitësve edhe apa-

në periudhën e para-shtatorit si organe
të propagandës së huaj dhe si dikaster
që paguan rroga e dieta. Rolin e saj të
vërtetë mbesojmë t'a marrë tani e tutje.

— Nga shkaku i rethanave Ministrija
e Arësimit nuk mundi të ketë një ve-
prim të dukëshëm. U bë vetëm admi-
nistrim.

— Shtypëshkronjat gjetnë mënyrë t'i
provojnë Gutenberg-ut se shtypja e
dëftorave civile dhe ushtarake edhe e
kutive të duhanit sjellën më shumë fi-
time se shtypja e librave.

Dhe këtu qëndruan.

— Editurat (Allah! në xhehnem t'i dër-
gosh editorët shqipëtarë!) i provuan bo-
tës se po të kesh kartë e mellan mund
të fitosh.

Sa për veprat, këto ia u merr auto-
rëve të syrgjynosur ose autorëve të vde-
kur, pa u paguar një lek.

Autorëve të gjallë u jepej tamam kun-
dërvlefta e një sixhimi për t'u varur.

— Librashitësit u shtuan si në Tiranë,
ashtu dhe në qytetet e tjera të Shqi-
përisë.

Tregëtija e librave italishte u plotësua
me tregëti marmelade ose manifakture
për të madhuar rentabilitetin.

Sa i takon shkrimtarit konstatojmë:

a) asnjë prodhim nga shkrimtarët e

REVISTA 🕯️ LETRARE®

Redaksia:
Ornela Musabelliu, *botuese*
Arbër Ahmetaj, *kryeredaktor*
Eleana Zhako, *redaktore*
Elmaz Fida, *redaktor*
Dritan Kiçi, *redaktor artistik*

https://www.revistaletrare.com
info@revistaletrare.com

Revista Letrare - Pranverë 2024
ISSN 2736-531X-20211
ISBN 978-2-39069-028-3

Në kopertinë:
Barbara Gashi
Foshnja, 1994, akuarel
https://www.skulpturenatelier-gashi.at/

Lënda

Blerimi

Baba është kthyer nga Greqia, pasdite vonë, kur ai ende flinte.
Në shtëpi gjendej vetëm Blerimi i vogël me të ëmën. Vëllezërit
dhe motra kanë shkuar për pushimet verore te daja.

Blerimi i vogël u zgjua. I la të paprekura dhuratat e t'et. Atë nuk e
tërheqin lodrat, rrobat, bombonet, as veza "kinder surprizë". Ai sillet
nëpër këmbët e të atit, fytyrën e të cilit mundohet ta kujtojë, por nuk
mundet.

"Po sikur ky të mos jetë babi, por një njeri tjetër?".

Fytyrën e tij, Blerimi mendon se e ka parë dhjetëra herë në rrugë,
sa herë del me shokët. E sheh me dyshim të atin dhe i duket se pas
tij fshihet një tjetër.

Mandej turret shigjetë dhe, i trishtuar, e fsheh turirin në gjirin e
mamit. I ati i buzëqesh, e merr hopa, mundohet t'i pëshpërisë ca fjalë
përkëdhelëse, por Blerimi nuk ua di kuptimin dhe s'di pse, ato që i
thotë i ati, i duken pa kuptim.

Ai i afrohet pas çdo fjale të këtillë të ëmës dhe e pyet në fshehtësi
të plotë, duke i çuçuritur në vesh:

"Mam, ç'do të thotë carcami?".

"Mam, ç'do të thotë, oj boçe gështenje?".

"Mam, ç'do të thotë picirruk? Po kacamisër?".

"Ç'do të thotë, mam, tarnanaq? Po rrapatush?".

"O mam, unë nuk e di ç'do të thotë pupalesh! Ma thuaj, mam, ma
thuaj, ç'do të thotë kacagjel?".

Fryn një fllad i rreshkur drejt e nga hamullorja e korrur.

Ka rënë muzgu.

I ati ka dalë në verandë bashkë me xhaxhi Bashkimin, sahatçiun e
ujit. Ai ka lënë shatin e madh ndanë gardhit të rënduar nga kacavjerrja
e kungujve, përplot lule të verdha në trajtë hinke, stërpikur me pluhur
të verdhë poleni.

1

Mbi verandë varet shtrazë tenda e hardhive me vile të papjekura.

Dëgjohet rrufitja e kafesë që sjell mama. Mandej, ajo sjell me tabaka edhe dy kupëza të vockla kristali. Blerimit i duket se ato dy kupëza të kthjellëta u ngjajnë syve të mamit.

Qelqi me lëngun e tejdukshëm të pijes vetëtin nën llambën e dobët të verandës.

Dy burrat cakërrojnë gotat.

"Gëzuar e shyqyr që i gjete shëndoshë!", thotë xhaxhi Bashkimi.

Sërish rrufitja e trashë e filxhanëve të kafesë.

Brenda në sallon dëgjohet zhurma e gjalpit që bën shamatë në tigan e, pas pak, era karakteristike e qepës së njomë. Mandej edhe aroma shpuese e koklave të skuqura.

Blerimi i vogël ka rënë përmbys mbi çimento, rrëzë këmbëve të burrave dhe nxit me një fije kashte gruri dy thnegla, të mësyjnë njëra-tjetrën.

Vjen sërish mama, veshur me petka të reja dhe një përparëse të bardhë e të qëndisur me lajle vishnje dhe të gjelbër. Sjell pjata të mbushura me sallatë të freskët, domate dhe mish të skuqur.

Mami duket shumë e re. Gati-gati më e bukur se edukatorja e Blerimit.

Blerimit i vjen inat që e kanë harruar. Dy-tri herë ai bën përpjekje të thotë diçka:

"Ba, o ba!".

Por babi është i zënë. Ai i lyp çiftelinë mamit, e merr në dorë dhe, si i shtrëngon telat disa herë, mbledh buzët fort dhe provon akordin e kërkuar. Blerimi i vogël s'di ç'të bëjë: ashtu, përmbys, cyt me fijen e kashtës dy thneglat, që prore ikin të pakënaqura nga ky afrim i dhunshëm.

Blerimi dëshiron heshturazi që xhaxhi Bashkimi të marrë shatin e tij të madh dhe të shkojë pas ujit.

Sa keq! Kjo nuk do të ndodhë shumë shpejt. Babi e ka gjetur akordin e kërkuar dhe, pasi i bie një copë herë çiftelisë, ia nis një kënge të gjatë e të mërzitshme:

"Ej, Mahmut Daci, mor ç'na paska thaneee..."

Kënga është e gjatë dhe Blerimi i vogël mundohet të përqendrohet me fijen e kashtës mbi thneglat që s'duan e s'duan ta mësyjnë njëra-tjetrën, gjersa të sosë kënga.

Xhaxhi Bashkimi ka dredhur prej qeses së tij "Tarabosh" dy cigare të trasha, leshatore, sa nji kambë keci. Njërën ia hedh shokut përkundruall, mbi tavolinëzën e gostisë, afër pjatës së mbushur sallatë, mish e patate të skuqura. Por babi është i zënë me fjalët e këngës së atij Mahmut Dacit, që ende përton të vdesë, ndaj veçse tund kokën në shenjë falënderimi.

Blerimi i nguc sërish thneglat që duan të largohen dhe kërkon të marrë disi pjesë edhe ai në këngë, andaj, herë pas here, zhuzhin:

"E Daci, Daci, o hej... Daci bre, Daci, o hej...!".

I ati i tund kryet kërcënueshëm Blerimit. I ngrysur, balli i t'et zbret vertikalisht midis dy vetullave. Por Blerimi nuk e sheh. I mahnitur me dy thneglat, ai shpall gjithë gëzim:

"O ba, ba, shih, o ba, shih, shih: po qihen!".

Çiftelia ndalet. Zëri i t'et pushon dhe mandej, Blerimit të vogël i erren sytë nga një flakërimë ndëshkuese. Sytë i qesin lot:

"Qafir! Mistrec! Këput qafën! Kopilhane bre...!", ulërin i ati i shfytyruar nga zemërimi.

"Mos, mos i bjer, pash Zotin! Po ai ashtu kërthi...!".

Blerimi i vogël gëlltit lotët. Buza i dridhet. Flegrat e hundës i zgjerohen dhe ia shpon një shije e athët. Sheh i tronditur të atin. Tani Blerimi bindet: ky nuk është i ati, por thjesht, në vend të tij, ka hyrë në shtëpi një njeri i huaj. Babai i tij i vërtetë nuk e di se në vend të tij...

Blerimi i vogël ndjen se ia lag diç buzën e sipërme, mandej pika të errëta i bien si shi i zi mbi bluzën e bardhë me lepur veshgjatë, që e ëma ia vesh veç ditët e festave. Ai turret i dëshpëruar te mama:

"Gjaku... gjaku... mam, gjak!", por nuk qan.

E ëma e merr për dore dhe, pa nxjerrë fjalë prej goje, e çon në banjë te lavamani. Në vishkullën e ujit që rreh bardhësinë e lavamanit, ia lan hundën, i përkëdhel flokët, i thotë qindra fjalë të ëmbla, me zë të dridhur e të përmallshëm, mandej e fshin, e puth dhe e merr në krahë.

Blerimi e shtrëngon fort përqafe dhe ndjen se faqja i laget pas mollëzave të mamit. Pastaj ai ia fshin vetë sytë asaj me pëllëmbën e pasigurt, që i dridhet, dhe struket në përqafim, duke menduar me ngulm e lumturi ngushëlluese:

"Sa mirë që Zoti s'ka harruar të sajojë Mamin!".

GABRIELE D'ANNUNZIO

Poezi

(Peskara, 12 mars 1863 - Gardone Riviera, 1 mars 1938).

Shkrimtar, dramaturg, poet dhe gazetar, politikan dhe komandant ushtarak, deputet dhe Princ i Montenevoso, titull ky i dhënë në vitin 1924, nga Vittorio Emanuele III. 'Poet i shenjtë'; profet apo parathënës, një figurë poliedrike, që jetoi në mënyrë të paimitueshme, siç shprehej edhe vetë "Il Vate". Një vepër letrare e vrullshme dhe thuajse e paimitueshme, po të përjashtohen krijimet e tij të para, qoftë në poezi, ku qartazi duket ndikimi i Karduçit, qoftë në prozë, me "Novelat e Peskarës", të shkruara sipas modelit të Xhovani Vergës. Me një stil madhështor dhe një prozë melodike, shkruan romanet "Kënaqësia", "I pafajshmi", "Triumfi i vdekjes" dhe "Zjarri", ndërsa i frymëzuar nga dashuria e zjarrtë për aktoren Eleonora Duse, shkruan tragjeditë "Qyteti i vdekur" dhe "Franceska nga Rimini".

Reformator i poezisë italiane me përmbledhjen poetike "Këngë e re", por sidomos me librin "Laudi" (konceptuar si një grupim prej shtatë librash, ku spikat libri i tretë "Alcyone"), në të cilin, gjithnjë besnik i rrymës dekadente, himnizon shpirtin e kohës së tij dhe atë të Supernjeriut.

Në këtë cikël janë disa poezi nga më të famshmet e D'Anuncios, të botuara në vëllimet poetike: "Alcyone", "Këngë e re" dhe "Elektra".

4

Shtrëngohu tek unë

Shtrëngohu tek unë
lëshohu tek unë
e sigurt.
Unë s'do të braktis
dhe ti s'do të më braktisësh.
Do ta gjejmë,
do ta gjejmë të vërtetën sekrete
mbi të cilën dashuria jonë
mund të mbështetet gjithmonë,
e qëndrueshme.
Mos u mbyll nga unë,
mos vuaj vetëm,
mos ma fshih vuajtjen tënde!

Folmë,
kur zemra
të fryhet nga marazi.
Lërmë të shpresoj
se unë mund të të ngushëlloj.
Për asgjë mos të heshtim mes nesh
dhe asgjë mos të fshehim.
Guxoj të kujtoj një pakt
që ti vetë e vure.
Folmë
dhe do të përgjigjem
gjithmonë pa gënjyer
Lërmë të të ndihmoj
mbasi prej teje
më vjen shumë mirësi!

Qëndro!

Qëndro! Mbështetu tek unë.

Mos ik.

Unë do të ruaj. Do të mbroj.

Do pendohesh për gjithçka, përveç që ke ardhur tek unë,
lirisht, krenarisht.

Të dua. Nuk kam asnjë mendim që mos të jetë i yti;
nuk kam në gjak asnjë dëshirë që mos të jetë për ty.
E di. Nuk shoh në jetën time tjetër shoqe, nuk shoh gëzim tjetër.

Qëndro.

Mbështetu. Mos druaj nga asgjë.
Fli këtë natë mbi zemrën time…

Gojëza

Je si një lule e vogël
ti ke një gojëz
një çikë, vërtet një çikë
të zjarrtë.
Hajt, jepma, jepma
është si një trëndafil i vogël
jepma një puthje
jepma, Kanetela!
Jepma dhe merre
një puthje të vockël
si kjo gojëza jote
që përngjan me një trëndafil të vogël
një çikë, vërtet një çikë
të zjarrtë.

Këndo gëzimin

Këndo gëzimin! Unë dua të të rrethoj
me të gjitha lulet, sepse ti lartëson
gëzimin, gëzimin, gëzimin,
këtë dhurues të shkëlqyer!
Këndo gëzimin e pafund për të jetuar,
për të qenë e fortë, për të qenë e re,
për të kafshuar frytet tokësore
me të fortët dhe të bardhët dhëmbë makut,
për të vënë duart e guximshme dhe epshore
mbi çdo gjë të ëmbël të prekshme,
për të tendosur harkun mbi çdo
pre të njomë që dëshira synon
dhe për të dëgjuar të gjitha muzikat,
dhe për të parë me sy flakërues
fytyrën hyjnore të botës
si i dashuruari sheh të dashurën,
për të adhuruar çdo formë fluturake,
çdo shenjë të mugët, çdo imazh
të kotë, çdo hir jetëshkurtër,
çdo shfaqje në orën e vockël.

Këndo gëzimin! Larg shpirtit
tonë dhimbja, petk i përhimët.
Është një skllav i mjerë ai,
që me dhimbjen bën petkun e tij.
Gëzimin për ty. Mysafire! Unë dua
të të vesh me purpurin më të kuq
edhe sikur të më duhej ta ngjyeja
pëlhurën në gjakun e venave të mia.
Me të gjitha lulet dua të të rrethoj
e shpërfytyruar, sepse ti lartëson
gëzimin, gëzimin, gëzimin,
këtë krijues të pamposhtur!

O drapër i hënës së ngrënë

O drapër i hënës së ngrënë,
që shkëlqen mbi ujërat e shkreta,
o drapër i argjendtë, ç'dritherishtë ëndrrash
valëzon në vezullimin tënd të lehtë këtu poshtë!

Dihatje të lehta gjethesh,
psherëtima lulesh nga pylli
derdhen në det: as këngë, as thirrje
as tingull gjëkundi heshtjes së pacak.

Sfilitur nga dashuria, nga kënaqësia,
botë e t'gjallëve përgjumet...
O drapër i ngrënë, ç'dritherishtë ëndrrash
valëzon në vezullimin tënd të lehtë këtu poshtë!

Ferrara

O bukuri shkretane e Ferrarës,
do të të lëvdoj ashtu siç lëvdohet fytyra
e asaj gruaje që mbi zemrën tonë përkulet
për të gjetur paqe prej lumturive të saj të largëta;

dhe do lëvdoj të ndritshmen
sferë ajrore dhe ujore
aty ku mbyllet
melankolia jote hyjnore
plot muzikalitet.

Dhe do lëvdoj atë që më shumë më pëlqeu
prej grave të tua të vdekura
dhe të qeshurën e shpejtë me të cilën ajo më zhgënjeu
dhe shëmbëllesën fisnike me të cilën unë ngushëllohem

në mendjen time.
Do lëvdoj hajatet e tua, aty ku heshti
dhembja njerëzore e mbështjellë në zhgunët
e butë dhe këndoi bilbili
me furi dehëse.
Do lëvdoj rrugët e tua të sheshta,
të mëdha si lumnaja

që çojnë në pafundësi atë që shkon fillthi
me mendimin e tij të flaktë,
dhe atë heshtje të tyre aty ku rrinë në përgjim

të gjitha dyert

nëse farkëtar i padukshëm rreh në kudhër,
dhe ëndrrën e finesës që rri varrosur
poshtë gurëve lakuriq me fatin tënd.

Piza

O Piza, o Piza, për melodinë
lumore që e bën aq të ëmbël pushimin tënd
do të lëvdoj si ai që pa
harrestar i të keqes së tij
t`i rridhte në zemër
gjaku i aurorave
dhe flaka e muzgjeve
dhe vajin e yjeve prej diamanti
dhe filtrin e hënës harrestare.
Si një grua pranë pezulit,
me qerpikët gjysmë të mbyllur, e ngrohtë në veshjen e saj
lino të verdheme,
që s'është zgjuar dhe ëndrra e saj vdes;
ashtu si mbi të bukurat ujëra zbehtas buzëqesh
përgjumja jote.

Dhe mermerët e shenjtë lartohen të lehtë,
thuajse larg teje, sikur jehonat
ti gjallëronin me shpirtra të melodishëm.
Por sekreti yt është ndoshta mes dy qiparisave
të zinj lindur nga barku
i vdekjes, kundruall pyllit triumfues
rinor dhe drunor që në festë
mjeshtri krijoi mbi të shurdhët dhe të verbrit
mure si mbi një qiell të kthjellët.

Ndoshta do ta realizoj që një ditë unë të çoj aty
shpirtin tim, pas stuhisë,
që t`i ndryshoj krahë.

Përktheu dhe përgatiti: Ilirian Dahri

Të shtatat

Burrat janë zakonet e tyre. Thënë kjo, tre baxhanakët kishin shkuar të shihnin ndeshjen e skuadrës së zemrës. Edhe për të pirë, dihet.

Në shtëpi, aroma e gjellës përzihej me tingujt e ngrohtë të zërave radiofonikë. Zija qe e përkorë, pra. Shiu kishte pushuar tashmë. Jo lehjet e qenit të fqinjit. Lehje republikane.

Motra e madhe, të cilën shtimi në peshë e bënte edhe më ndjellëse, u mbështet në planin e kuzhinës. Vazhdonte ta trazonte lugën në filxhan pa ia ndarë vështrimin të voglës. Bri sobës, pa kurrfarë cilësie pos të qenët motra e vogël dhe përbri sobës, përhumbej ndër mendime dhe a thua një tik nervor lakonte buzë e vetulla në një shprehi habitore. Një pyetje dhe një kujtim, më saktë, përplaseshin dhe shpërfaqeshin njëherësh në fytyrën e saj. Ç'fat kishte pësuar heroi i një romani të lënë përgjysmë? Dhe ajo, trembëdhjetë vjeçare asobote, kur roja i shkollës, një rom me sy bojëqielli, ia kish vendosur dorën e saj në penis. I kujtohej që ai mbante unazë në gishtin e vogël dhe atë tregues, të së njëjtës dorë, por jo si kishte reaguar apo si ishte ndjerë atë çast.

Motra e dytë tërhoqi getat dhe kërciti lehtë qafën. Një grua e hijshme, pa dyshim, që të krijonte përshtypjen e dikujt që e shtyn urinimin për më vonë. Inxhiniere hidroteknike.

Të madhes iu sos durimi. Uli filxhanin e kafesë pa e vënë fare në buzë dhe iu drejtua të voglës.

- Jola, çfarë të pëshpëriti babi në fund?

- Mos u bëj kurvë!

Dy motrat e tjera qëruan zërin. Ç'donte të thoshte ati i tyre me këtë? Ishte këshillë për të voglën? Mos kishte parë tek ajo një dell që të tjerëve u kishte shpëtuar? Apo amaneti plekste nënkuptimin që të mos bëhej si motrat e saj? Pra, që kurvat ishin ato?

Thuhet që në dakikën e mbrame njeriu flet përçart. Babai ishte aq i kthjellët, sa vdiq duke rilexuar "Etikën e Spinozës" dhe e dinte cilën këngë do përcillte radioja një javë pas vdekjes së tij, fill pas hapësirës së reklamave të orës pesë e gjysmë të pasdites. Dhe pikërisht "Sad Sweet Dreamer" po dëgjonin ndërkohë.

Burrat mësynë në shtëpi. Të zhurmshëm, dhogë në raki. Në kësi rastesh nuk dihej a kishte fituar apo humbur ekipi i tyre. I shoqi i të voglës e puthi atë në ballë dhe i uritur, pa pritur të shtrohej tryeza, shkoi t'i hidhte pak vaj ulliri një rriske bukë.

- Si je, zemër?

- Shumë mirë. Falë Zotit nuk e pësuam golin e katërt.

Rrëqebujt

(Kushtuar kapitenit të K.F. Sopoti, Shkëlqim Hajdarit)

Meqenëse emrat e tjerë ishin zënë - Ujqërit, Luanët, Shqiponjat - u pa e natyrshme që skuadra të identifikohej me kafshën e trevës. Një specie në zhdukje tashmë.

I themeluar qysh prej vitit 1949 nga klasa punëtore, kuadro të ndryshëm, ekipi më së shumti ka luajtur në kategoritë e poshtme të kampionatit. Përjashto ndonjë sukses të përkohshëm, si mbërritja deri në gjysmëfinalen e Kupës së Republikës, lavdia e klubit ngrihej mbi disa fitore ndaj skuadrave elitare apo kampionëve në fuqi.

Ashtu si të gjitha vendet e bekuara me burime minerare, edhe qyteza ishte zhytur në varfëri. Ndeshjet e së dielës të Rrëqebujve përbënin motivin kryesor të banorëve. Forma e skuadrës, rezultatet, dëmtimet, aktivizimet, stërvitja, deri edhe jeta personale e futbollistëve, ishin temat kryesore rreth të cilave ndërtohej gjithë java.

Kafja e Rudit ishte institucioni ku përplaseshin dhe merrnin trajtë debatet. Një kafe e thjeshtë me pesë-gjashtë tryeza, që kishte mundur të ruante frymën dhe fizionominë e qëmotit.

Pra, jashtë koha rridhte me dinamikën, zhvillimet dhe huqet e saj. Brenda ishte fiksuar në vitin 1988.

Dhe mu te kafja e Rudit, të dielën në mbrëmje, ku përzihej poterja, grahmat e rakisë dhe tingujt e ABBA-ve, ishte Todi që hapi vulën.

- Skuadra jonë jo vetëm luan më mirë, porse edhe fiton kur luan me një lojtar më pak.

Gjeologu rrëkëlleu gotën dhe përpos fitores së ditës, mori dy-tre shembuj nga sezoni i kaluar, kur Rrëqebujt kishin arritur ta kthenin rezultatin duke qenë në disavantazh numerik.

Të nesërmen, drejtori sportiv, që qëlloi i pranishëm te kafja e Rudit, u rrek t'ia shiste bordit drejtues si idenë e tij, por të gjithë e dinin që e kishte thënë Todi.

Javën tjetër u vendos që të eksperimentohej. Me udhëzimet përkatëse, dikur nga gjysma e pjesës së parë, një lojtar shkaktonte faull që të dilte me karton të kuq.

Kjo filozofi vetëgjymtimi u zbatua çdo të diel. Tashmë nuk diskutohej fitorja, por cili lojtar do ta merrte përsipër kartonin e kuq dhe në ç'minutë do kryhej ndërhyrja.

Suksesi ngjall edhe armiq. Pas fitimit të kampionatit nga Rrëqebujt, edhe skuadra të tjera e provuan të luanin me një lojtar më pak, por rezultatet ishin skandaloze.

Federata shqyrtoi rregulloren për raste të tilla dhe nuk u gjend asnjë pikë që ta pengonte një skuadër të zbriste në fushë me njëmbëdhjetë lojtarë, të luante dhe të fitonte me dhjetë brenda kohës së rregullt. Vetëm gjoba për numrin e kartonëve ishte deridiku një instrument rregullues, por vetëm kaq.

Fitoret e Rrëqebujve vijuan edhe në gara ndërkombëtare. Kjo pleksi kompanitë e basteve dhe manjatët lokalë të minierave. Dy kategoritë që përfitonin më shumë.

Kremtimi për fitoren e Ligës së Kampionëve vazhdoi deri pas mesnate. Nga ora dy, tek-tuk, lehje qensh ngatërroheshin me kafshime të vogla që fishekzjarrët i bënin territ të qytezës.

Todi ndjeu vagëllimthi disa hapa që po e ndiqnin, por ishte shumë xurxull për t'i dhënë një kuptim apo për të reaguar. Pa teatralitet, drejtori sportiv iu avit dhe me një lëvizje të kokës e urdhëroi tjetrin të vazhdonte. Vështroi përreth dhe futi armën përnën brez.

Sapo hynë brenda, Todi vendosi një çadër me motive femërore në qoshe, që e mbante gjithmonë me vete, në shi dhe në diell.

Vetëdija e çarmatosjes sikur e esëlloi për një çast. U ul në divan dhe me dorë e ftoi edhe bujtësin të ulej.

- Besoj e ke të qartë që në fund të kësaj bisede do vdesësh, - i tha drejtori sportiv.

- Kam vdekur aq herë deri tani, uroj të ketë ndofarë kuptimi kjo e fundit.

- Kuptimi, ë?

- Çdo javë marr fotografi të sime bije, që është rrëmbyer prej tetëmbëdhjetë muajsh. Mendohet se ato fotografi duhet të më qetësojnë. Fotografitë e fundit e shfaqin me një foshnje në krah. As nuk dua ta kaloj ndër mend sa herë është përdhunuar. E kisha dëgjuar se edhe një orë e ngecur tregon saktë dy herë në ditë. Dhe ty t'u desh të ishe ajo orë. Kështu që, e gjithë kjo çmenduri filloi me ty dhe ty të bëj përgjegjës.

- E di sa është probabiliteti që përjashtimi të bëhet rregull?! Aq sa rregulli të bëhet përjashtim.

- Nuk kam nerva të shfajësohem. I pranoj pasojat. Atë mbrëmje thjesht parashtrova një të dhënë. Ju zgjodhët t'i jepni fuqinë dhe statusin e faktit. Dhe fakti vlen aq sa perceptimi apo interpretimi mbi të. Nëse më vret mua, është njësoj si të kesh vrarë të gjithë ata që zgjodhën të besojnë këtë marrëzi. Nesër bota do të ketë një pijanec më pak dhe një vrasës më shumë.

- Nuk ndryshon asgjë.

- E vërtetë, nuk ndryshon asgjë.

- I ke lexuar të gjithë këta libra që ke nëpër rafte?

- Ah, sikur...

- Mirë pra, Tod, - tha drejtori sportiv, duke nxjerrë pistoletën mulli, - ashtu si Rrëqebujt, edhe kjo pistoletë ka një plumb më pak. Fitoftë e Vërteta, meqë deri tani lavdia ishte e Absurdit.

E la armën në tryezë dhe doli. Vetëm kur mbërriti para Pallatit të Kulturës, vuri re që kishte në dorë çadrën kineze me motive femërore të Todit.

Dëborë mbi rrepa

Nadjezhda Nikolajevna Kuzmin vinte nga një familje ushtarakësh. E bukur, pak e çalë dhe me një nishan mbi buzën e sipërme, nuk e vriste mendjen kur i thonin që "do ngelësh në derë", gjersa një ditë u bë matriarka e familjes.

Botën e shihte si kaos dhe përpjekje për ta kontrolluar këtë kaos. Por besonte me gjithë shpirt te dashuria dhe kishte bindjen e patundur që një ditë do ta përjetonte. Të besosh në dashuri do të thotë të jesh i hapur dhe të mirëpresësh edhe klishetë e saj. Kështu ndodhi edhe takimi me Zurab Kaladzen. Një incident i vogël, një shaka dhe një premtim mjaftuan ta vulosnin që ishin shpirtra binjakë. E lanë të takoheshin të nesërmen në të njëjtin vend, në të njëjtën orë.

Të nesërmen, në të njëjtin vend, në të njëjtën orë, u mësye Pallati i Dimrit dhe ne nuk mund ta dimë si do përfundojë dashuria e tyre.

Ëndrra që kaprolli Xhoi pa një natë nëntori pa hënë

Duhet të ishte njëfarë promovimi libri, sepse u neverita nga lavdet dhe fjalët e mira. Do duroja edhe ca, s'kisha ç'të bëja.

Ktheva kryet prapa dhe nja dy fytyra të dyshimta më dhanë të njohur. Medet, i përkas edhe unë kësaj bote! Së largu, ma ndolli nepsin një tryezë e shtruar për merak me ushqime dhe pije. A ishte kjo arsyeja përse njerëzit mbanin radhë për të thënë fjalë kaq të sheqerosura?

Kur u sosën duartrokitjet përmbyllëse, të pranishmit u ngritën gjithë drojë e përtesë. Sytë më zunë atë që duhet të ishte ish-gruaja ime. Si në panair, i merrte me vete të dashurit e rinj. Po më shmangte. Donte që të shkoja ta përshëndesja unë. Ndërkohë, frika se mos mbaronte ushqimi i shtruar, rritej. Po i afrohesha tryezës, veç kur ndjeva dikë që më gjuajti nga vithet. Portreti i saj qe i hareshëm, lozonjar. Me siguri e njihja këtë grua. Më shumë se duhet.

M'u hodh në qafë. Pastaj më puthi në qafë. Ndezi një cigare, mënjanoi pak flokët dhe më pyeti:

- Ç'mendon për librin?

- Nuk e kam idenë, - i thashë. - Unë vij vetëm për të flirtuar.

Doja t'i thosha për të ngrënë, por s'e di pse u shpreha ashtu.

Gruaja përballë meje vazhdoi të fliste për realitete të përbashkëta. Unë mendjen e kisha tek ushqimi. Më duhej të gjeja një mënyrë për ta shmangur këtë njeri me hire dhe virtyte të zhurmshme. Sidomos tani që ish-gruaja, me një pjatë në dorë, po bënte kërdinë pak më tutje.

Doja të sajoja një gënjeshtër aty për aty, por nga goja më doli me një vrazhdësi të thatë: "Kam uri".

Sapo mora pirunin dhe pjatën të rrëmbeja edhe unë ca ushqim, më zgjoi me bezdi një zile telefoni.

E pashë veten sërish brenda trupit të një burri me stomakun bosh.

- Kthehu në gjumë, - e urdhërova veten. - Ti nuk je njeri, ti nuk je njeri, ti nuk je njeri…

Borscht

Inteligjenca artificiale dhe një nëndegë e fizikës kuantike mundën më në fund të krijonin një portal të udhëtimit në kohë.

Shkencëtari rishtar i zbulimit, Genaidi Korolenko, ende pa i mbushur të tridhjetat, doli vullnetar për udhëtimin e parë.

Gjithë eufori e prerë në pezm, hyri në shtëpi. E mblodhi veten dhe i la porosi të shoqes.

- Do largohem për njëfarë kohe. Çështje pune; sa më pak të dish aq më mirë. Por mos harro - TË LUTEM, MOS HARRO - që burri me fytyrën dhe trupin tim që do të vijë në shtëpi të dielën e 24 nëntorit, nuk jam unë. Vrite!"

Dhe e shoqja e mbajti fjalën.

Atë të diel gatoi për burrin që i hyri në shtëpi hajën e tij të parapëlqyer. Bënë dashuri tri herë: dy herë para se të shkonin në opera dhe herën tjetër gjatë pushimit të akteve.

Mandej e vrau.

Klauzola e Zotit

- Nuk do marr në Ahiret asnjë shpirt njeriu që është në mes të leximit të një libri.

Dhe njeriu i ra lapsit. Lexoi më shumë. U bë më i ditur. Më i dashur. Më njerëzor. Kuptoi armikun, domethënë veten.

Mesatarisht, ditët e njeriut në tokë i kaluan ditët e Matuzalemit; dhe Zoti u detyrua të zëvendësojë Apokalipsin me Ditën e Mosleximit.

Këpucët e gjelbra

Gërshërët...

...bënë
portretin e çunit haram

Flokët me çallata
binin era vajgur prej morrave të ngordhur.
Mësova se ka një varrezë për të gjitha gjallesat.
Me shenja ose jo

M'u desh të jetoj mes tyre.

Pas dritares me hekura të një dhome
Kureshtare
Pashë si hapen themelet e murit rrethues
Si lartësohej mbi lirinë e frymëve
Diktati i jetëve bosh

Kushti themelor i ndërtimit për kohën
Qe, hesht!

Sot, shfajësohen se të vdekurit e mbetur gjallë,
janë stoizmi i një foleje minjsh,
që im atë e zhduku në emër të lirisë.

Dritarja, qe e vetmja pasqyrë
Ku pashë hijen time
të formësohej me trajta njeriu.

Nga lastarët e rrushit hibrid
Mësova se frika nga lartësitë
zgjatet mbi telat e tendosur mirë,
lidhur me lecka në formë fjongoje
bisqet e sapo formuar të frytit të ndaluar
Nuk i prekja

Kur të piqen mirë
Qe urdhër i prerë
Që më pret udhën dhe sot.

Heroi im i pashembullt
Tashmë
Rrëfenjat e vajzës këmbëzbathur,
Kanë veshur këpucët e gjelbra
Të lirisë.

***

Kafenë e servir
në një kupë të stërmadhe
stolisur në lustrën e porcelanit
me trëndafila rozë
Trëndafili më përhumb në historinë e zonjës,
që gjakos sa herë
kujtimet e një dashurie të largët
E më pas, kujtohem e rrëkëllej lëngun e filtruar
I ftohur tashmë.

Kam ndërruar zakon

Më duhet të rri zgjuar orëve
Kur nga barku i natës dëgjoj
Qarjet e dhelprave të pangopura
Uritë e tyre bëjnë mortin e kohës
Koha nuk vdes
Dhelprat s'e dinë
Se të jetosh në përralla
Përbën privilegj
Nga ky detaj i imët i natyrës
Çakejtë rrëmbejnë lavd
Duke treguar se bisha
rritet në folenë që jehon dukje.

Një stuhi e fortë përplaset mbi kasën e kalbur të dritares.
Thonë se krimbat e vemjet
Jetojnë mrekullisht aty

Jetoj ende në strehën e vjetër të njeriut
S'dal dot që aty
Pa kuptuar asgjë

Nga e gjitha kjo.
Në duar mbaj një shënjues
Të dalë mode,
Shënimet e mia
Janë letra e fundit.
Që harroj ta dërgoj
Në postën më të afërt
Të lagjes sime
Asgjë nuk është thënë
Asgjë s'do të thuhet.
Më kot presin.
Uria njerëzore
Lëçuar mbi njeriun
Po humb
Virtytin
Dashurinë

Frikacakët janë heronjtë e rinj të triumfit
Të lodhurit kanë një strofull të ngrohtë indiferentizmi
Neveria është tabloja më e bukur
Që serviret lehtë
Që për fat të keq
Më duhet ta pranoj si dështim

Patinazhin s'e kam provuar
I kam frikë ekuilibrat mbi akujt e ditës
Të eci në pyll, si frymori i radhës
Ngjall më shumë interes
Aty gjendem
Unë
Ti
Ne
Asgjëja e asgjëje.

Portreti i një nate gushti

Janë orët e vona të një mbrëmjeje gushti
Ndiej erën e lagësht të sendeve përreth
Ca revista glamour
vezullojnë nga larg siluetën e zonjës Coco,
Aristokrate prej stilit të saj mondan
Më bëhet se vjen rrotull…Ti
Ul sytë i pafuqishëm
T'i qëndroj vështrimit dhe luaj ndër gishta
Dy bishta cigaresh
Të patymosura ende
Gëzimi më ka hutuar
E hutimin e derdh në dy gota
Ky lëng i presuar çliron prej zemrës hare
Hap venat ku depërtojnë dëshira të munguara

Tapën e shampanjës
Po e mbyll në baulen e vjetër
I pari suvenir me mbishkrimin hieroglif
Sekreti im i fundit
Se po nisem drejt rrugës me engjëj
Do t'mbërrij tek ty…
Ruaje
Historia këtë natë
Shkruan me ikonën tënde
Grua
Mrekulli ku ndizen
Dy gjinj si eshkë
Në bronzin me numër serie
Ky portret
E mban në duar
Të mbaj në duar
Të gjallë e të heshtur
Më dukesh një trill

I dalë prej vështrimit të ftohtë
Nga metal i bronztë.
Të shquaj të bukur
Të rrallë për të ndodhur
Këtë natë gushti
Më ulesh në zemër
Rehatohesh aty
E mbi kokat tona dëgjohet
Kënga e një bulkthi
Akademia e dishepujve
Ka rënë në heshtje
Ç'qetësi?!

Dy tregime absurdi

Honi

Zbrita një e nga shkallët e pallatit të veshur me pllaka graniti, por, kur arrita te dera e makinës, ndjeva që kisha harruar diçka. Kontrollova xhepat dhe çdo gjë dukej në vendin e vet, por përsëri nuk u lehtësova. Kjo amnezi e mallkuar, që veç sëmundjen s'e harronte! Mora edhe njëherë shkallët, por këtë herë dy e nga dy. Hyra në shtëpi. Prizat ishin të gjitha të hequra, soba e fikur, dritat po ashtu dhe kanarinat kishin ushqim për gjithë fundjavën.

Renda përsëri teposhtë. Hapa derën e makinës. Zura vend, por nuk u nisa. Kjo amnezi e mallkuar. Kujtova datën, me vështirësi; kalendari më ndihmoi. Nuk ishte ndonjë ditë e shënuar; asnjë ditëlindje, as ndonjë përvjetor, koha për të paguar faturat ende larg. Atëherë u binda se, kur zbrita herën e dytë, nuk e kisha kyçur derën. U ktheva, mora shkallët me hov e nervozizëm; dera ish e mbyllur. Hyra dhe njëherë brenda; çdo gjë në rregull, sigurova derën, ja përsërita këtë vetes dhe desh theva qafën në zbritje. Ndeza makinën duke sharë e turfulluar dhe shkela fort pedalin e gazit, që të largohesha sa më parë prej aty ku më kujtohej harresa.

Po dilja jashtë qytetit, si çdo fundjavë, por kësaj here i vetëm. Disa kilometra larg rrëmujës urbane, një dorë e ngritur më kërkoi të ndaloja, po ashtu dhe një tabelë vendosur në mes të rrugës, ku shkruhej me shkronja ngjyrë vishnje: "Ndal".

"Ç'ka ndodhur, mik?", pyeta duke nxjerrë kokën nga dritarja.

"Zotëri", tha tjetri, "nuk kalohet dot më tej. Është krijuar një hon i madh, një humnerë në mes të rrugës".

Mendova se po tallej. E pamundur të ish hapur një humnerë në një javë. Dola nga makina dhe iu avita tipit disi kërcënueshëm.

"Një javë më parë isha këtej dhe çdo gjë ishte në rregull!".

"Epo, një javë më parë po", u gjegj nxitimthi ai.

Duke turfulluar dhe sharë me vete, renda ta shihja me sytë e mi. Dhe ja ku u gjenda buzë një honi të stërmadh, që as fundi nuk i dukej, ndërsa ana tjetër, mbuluar me një tis mjegulle, mezi shquhej.

"Ç'të ketë ngjarë?", pyeta një tjetër të çuditur si puna ime, që s'ia shqiste sytë boshit.

"Nuk di, por thonë se është çështje e koklavitur zemre".

"Zemre?!", u habita edhe më. "E çfarë lidhje ka zemra me këtë hon?".

"Këtë dua të di dhe unë", tha ai dhe më ktheu shpinën.

Mbeta vetëm. Nga ana tjetër e humnerës dallova siluetën e dikujt, që po ma bënte me dorë, por largësia dhe mjegulla ia kishin fshirë tiparet. Ndoshta kërkonte ndihmë. Vetëm atëherë u kujtova për diçka që m'u ngul si thumb akrepi dhe rrathë dhimbjeje m'u shpërndanë në gjithë trupin. Fundjavën e parë e kisha kaluar me të (përgjithmonë bashkë, patëm thënë), por diçka shkoi keq. "Nuk vij më me ty", më tha ajo pas një zënke dhe nuk u kthye me mua; mbeti andej. Që prej asaj dite nuk më telefonoi më e as nuk m'u përgjigj.

Mendimet m'i ndërpreu zëri i atij që më parë kish ngritur dorën të më ndalte:

"Largohu prej aty, honi po hapet edhe më tepër, mund të gremisesh brenda".

Dhe ishte e vërtetë: hapësira midis brigjeve po zgjerohej.

"A nuk e sheh se dikush nga ana tjetër po na thërret?!", e pyeta.

Ai hapi sytë, por nuk shqoi gjë.

"S'ka njeri, por edhe nëse ka, punë për të, sepse ne nuk mund të kalojmë më andej e as ata këtej".

Fjalët e fundit më lanë një ndjesi therjeje, që s'dija t'i vija emër, dhe kjo pengesë ma shtoi dëshirën të kaloja patjetër në anën tjetër, që ta takoja edhe një herë.

"A mos vallë ka ndonjë urë, apo mos po e ndërtojnë një të tillë?".

Tipi qeshi e tha se as arkitektët e as inxhinierët nuk merreshin me këto çështje të komplikuara njerëzore.

"Ti bën mirë të kthehesh nga erdhe", e mbylli ai, por unë ia kisha ngulur vështrimin anës tjetër dhe ndieja që diçka përbrenda më zhytej thellë në një iluzion të paqartë.

Jo, i thashë vetes, nuk është ajo. Por sytë nuk i ndaja prej andej.

"Dikush është në atë anë e po më thërret!", vërrita fort, por tjetri, me siguri pa zemër ose thjesht i lodhur me këto kërkesa, nuk ma vari dhe iku të ndalonte një makinë që po vinte nga qyteti.

Një tjetër fatkeq si unë do merrte vesh diçka, që do ia çante shpirtin më dysh.

Kasapi

Pandeha se ishte shaka kur më arrestuan e më thanë se kisha bërë një krim të rëndë, por nuk qe lojë. E pashë veten pas hekurave, i lidhur si qen. Tri ditë më vonë dola para gjykatës dhe një javë pas arrestimit, domethënë sot, më zgjuan herët pa dalë dielli dhe më thanë, përherë pa shaka, se trekëndëshi ishte gati. Ende përgjumësh, pre e ca ëndrrave fatzeza, që nuk u ndërprenë nga zgjimi i beftë, po ndjek gardianët ose më mirë po tërhiqem zvarrë prej tyre.

Është e diel, por këta nuk bëkan pushim as ditën që e bëri perëndia, siç thonë. Nuk është se këtë ekzekutim e kam me qejf, le ta themi siç është, por as naze nuk bëra; thjesht e dija që do ndodhte dhe nuk kisha gjë në dorë. E keqja është se do marr pjesë në shfaqje, por nuk do jem spektator, nuk do ta shijoj rrëqethjen e fortë të sekondave të para pas së gjithës. Në fakt, spektaklin makabër do e shijojnë të tjerët dhe nuk më vjen fare mirë që do i argëtoj pa marrë të paktën një shpërblim të merituar. Por si shumë heronj të historisë, gjithsesi do marr ca lëvdata pasi ta lë pas këtë botë, që vetëm së fundi ka filluar të më pëlqejë.

Le të kthehemi edhe njëherë pas, shtatë ditë, jo më larg. Isha futur në një cep. Rrija aty pa bërë gjë. Nuk e mbaj mend pse po fshihesha e as se çfarë mendoja, por dita ishte e bukur dhe kësisoj mendimet nuk besoj se i kisha të liga. Vjen drejt meje një zonjë e moshuar, plakë e shushatur, dhe fillon të bërtasë si pa të keq: "Vrasës, vrasës!". "Dreqi e mori", mendova, "unë i kam frikë vrasësit", ndaj u struka edhe më tepër në hijen e cepit që pata zënë. Të them të drejtën, fillimisht nuk e kuptova, por pastaj i rashë në të se ajo e hidhte llafin për mua. "E rrjedhur fare!", mendova, doemos. Por kur gjindja avash-avash u mblodh rreth e rrotull dhe hidhnin sy drejt meje, i thashë plakës se po më ngatërronte me tjetër njeri. Por ajo më tha emër, mbiemër, moshë e madje dhe mëmësinë, duke më lënë gojëhapur; sa çudi, për besë, por ja që rastësitë ndodhin në këtë botë. Pra ishte edhe dikush tjetër me të njëjtin identitet, për dreq një vrasës, me të cilin kishim lindur në të njëjtën ditë e, për më tepër, nga e njëjta grua, që, siç po kuptoja, ishte nëna ime. Rastësitë, kot nuk them, të lajthisin.

Vërtet atë ditë nëpër duar më kish mbetur pak gjak, po ishin të gjelit të shkretë, që ia pata hequr kokën që në mëngjes. Kur ia thashë këtë, gjykatësi më pyeti me të drejtë se pse nuk i kisha larë duart. Por, ç'të them, as vetë s'e di, ndodh ndonjëherë t'i harrosh duart pa larë. Po thosha të vërtetën dhe ata sigurisht e kuptuan sinqeritetin tim e shtuan se edhe ata harrojnë herë pas here t'u vënë një shkumë duarve. Kur më pyetën se pse mbaja revole me vete atë ditë, më bënë të qesh dhe, të them të drejtën, nuk doja të përgjigjesha, por mendova se atë copë hekuri do e merrnin si alibi, kështu u detyrova të sqarohesha që të shuaja çdo dyshim. Pisqollën e kisha gjetur në rrugë. Po, po, në rrugë, ca ditë para arrestimit dhe isha bërë gati ta dorëzoja në komisariatin më të afërt, por për ca arsye, që nuk kam si t'i mbaj mend, harrova fare, sa për nder u habita kur ma gjetën në xhep. Po kjo, thashë, nga doli?

"Nga xhepi yt", më tha polici që më kontrollonte e shtoi: "Me siguri e ka fshehur dikush aty!". Për këtë kam dëshmitarë të njëzet policët e pranishëm, madje u tregova me bindje se nuk e kishte fshehur askush, por e kisha harruar unë që prej ditës që e kisha gjetur. Kjo historia e pistoletës është një ngjarje kaq qesharake kur e mendon, se nuk gjejmë çdo ditë kobure rrugëve, e kur e tregova këtë në gjyq, edhe ata e kuptuan se ishte një histori gazmore dhe qeshëm të gjithë tok. Doemos. Edhe thikën e gjatë e mbaja me vete. Doemos prapë. Kisha therur gjelin atë mëngjes, si të mos e kisha thikën në xhep? Do ishte çmenduri po të mos e mbaja.

Ajo plaka, ajo e çmendura, më akuzonte se kisha vrarë gjysmën e qytetit, por sigurisht që me gjykatësin sqaruam çdo keqkuptim. Unë nuk kisha gisht në asgjë, përveçse për gjelin. Edhe ata të gjithë ma thanë këtë. Vetëm diçka mbeti e pasqaruar ose dikush, më mirë, domethënë plaka. Kur ajo bërtiste e ma bënte me gisht, unë u shqetësova për shëndetin e saj dhe shkova ta sqaroja, gjithmonë me të mirë, se po më ngatërronte me tjetër njeri. Por ajo nisi të vraponte, se kishte frikë se mos ia prisja zverkun, e unë ta ndiqja, duke kërkuar t'ia shpjegoja... ajo largohej e nuk hante pykë. Vërtet e mbaja thikën në dorë dhe këtë e shpjegoi edhe avokati, por e mbaja sepse në xhep më ngadalësonte vrapin. Me të në dorë mund të vrapoja më shpejt e kështu mund ta mbërrija e ta sqaroja njëherë e mirë këtë keqkuptim të tmerrshëm. Se nuk mund të lihej ashtu një ngatërresë e tillë! Për mua, që edhe mizat që ma pinë gjakun i fal!

Por ashtu si u tregua edhe nga dëshmitarë të shumtë, duke e ndjekur, kur thuajse e kisha mbërritur, u pengova e fare gabimisht, për një rastësi fatkeqe, thika që mbaja në dorë iu ngul pas qafe dhe e shkreta grua vdiq pa e kuptuar gabimin që po bënte. Vdekja e saj ishte vetëm një rastësi e jashtëzakonshme, një nga ato raste një në një milion dhe unë sugjerova që në gurin e saj të varrit të shkruhet: "Njeriu më i pafat që ka jetuar ndonjëherë", sepse vdiq e pasqaruar domethënë. Dhe mendoj se ma kanë vënë veshin për këtë sugjerim. Madje gjykatësi, njeri i lezetshëm e hokatar i madh, sugjeroi që në gurin e varrit tim të shkruhet: "Njeriu më i mirë i vitit", por me modesti refuzova, edhe pse ai ishte shpirt njeriu.

Kur i ra me çekiç tavolinës dhe tha: "Litar", shtoi aty në mes të gjithëve se i vinte keq për mua. Mund të them, pa dashur të mohoj plot çaste prekëse të jetës sime, se në atë moment derdha lot të nxehtë. Po të më dilte koha, do i kisha bërë ndonjë dhuratë për ditëlindje apo për festat e fundvitit, por nuk ishte e thënë; më priste litari.

Ja ku jam katër ditë pas atyre lotëve, duke u tërhequr zvarrë për t'u çuar në atë vendin para syve kureshtarë. Ndoshta e vetmja gjë për të cilën jam penduar në jetë është që nuk i lava duart atë ditë që thera kaposhin. Aty lindi e gjitha. Dhe veç tani po kujtohem që unë kam punuar gjithë jetën kasap, por ata s'e kuptojnë. Sikur në botë të kishte më pak keqkuptime, s'do ndodhnin kaq shumë fatkeqësi, rastësore domethënë.

OLIMBI VELAJ

Mes poezisë dhe botës

Duhet të vlerësojmë rrënjët tona dhe të përqendrohemi tek origjinaliteti ynë. Prirjet për t'u ngjarë të tjerëve ose për të minimizuar rëndësinë e kulturës sonë, janë shumë të dëmshme dhe negative

Poeti është një përkthyes i një lloji të veçantë; përpiqet të përkthejë me fjalë, ndjesi dhe perceptime që nuk janë të shprehshme brenda gjuhës

*O*limbi Velaj ka botuar tri vëllime poetike, dy prej të cilave shqip-anglisht dhe një vëllim italisht-shqip në Itali. Poezitë e saj janë botuar në 18 gjuhë në revista letrare e antologji dhe janë prezantuar në 20 vende të botës, në festivale, koloni letrare, konkurse e lexime në publik. Është fituese e disa çmimeve letrare brenda e jashtë vendit.
Prej vitit 2008 Velaj është lektore letërsie, Fakulteti i Edukimit, Universiteti "Aleksandër Moisiu", Durrës, Zëvendësdekane për Kërkimin Shkencor (2012-2016); Përgjegjëse e Departamentit të Letërsisë (2016-2020). Punoi në Prishtinë, Kolegji AAB (2013-2015) dhe në Universitetin e Beogradit, Katedra e Albanologjisë, Fakulteti i Filologjisë (2015-2021). Ligjëron Letërsi antike-shek. XIX, Metodologji të Mësimdhënies së Letërsisë, Shkrim Krijues e Interpretim letrar.

Intervistoi: **Dritan Kiçi**
Intervistuesi: Jeni fituesja e Çmimit Kombëtar për Poezinë për vitin 2022. Urime! Kur dhe çfarë ju frymëzoi të shkruanit vargje?
Olimbi Velaj: Nisa të shkruaja vjersha në fëmijëri. I lidhja fjalët me rimë që nga fundi i shkollës fillore. Mund të them se Radio-

Tirana me emisionet e mëngjesit për fëmijë ka qenë një nxitje e jashtëzakonshme për mua. Më pëlqente kur më lexonin ndonjë gjë që dërgoja asokohe në emisionet e tyre. Tani që e mendoj shtruar, jam e bindur se kjo nuk kishte lidhje ekskluzivisht me poezinë, por me atë dëshirë të natyrshme të çdo fëmije për t'u evidentuar. Më pas, gjatë klasave të larta të tetëvjeçares "më kishte dalë nami" që bëja hartime shumë mbresëlënëse. Ndërsa në shkollën e mesme fitova një "status" të veçantë, sepse isha autorja e dhjetëra hartimeve, jo vetëm për shokët e klasës, por edhe për ata në klasat më të larta. Shumë nga hartimet i shkruaja në vargje. U jam gjithmonë mirënjohëse mësuesve dhe drejtuesve të shkollës së mesme pedagogjike "Luigj Gurakuqi" në Elbasan, ku mësova në vitet 1985-1989. Tregonin një kujdes të veçantë e të përhershëm ndaj meje, duke më trajtuar si talent. Më bënë të besoja shumë te vetja.

Intervistuesi: A keni një proces krijues të përcaktuar, nga ideja fillestare deri te poezia e përfunduar?

Olimbi Velaj: Po, sigurisht. Në shumë raste, nga ideja te materializimi gjërat shkojnë mirë, por ndodh edhe që nuk ia dal dot. D.m.th. kam imazhe shumë të qarta, lidhje shumë të bukura, por kur i shkruaj, nuk më pëlqejnë fare dhe më duken si karikaturë e asaj që kisha në mendje në momentin fillestar. Në përgjithësi poeti është një përkthyes i një lloji të veçantë; përpiqet të përkthejë me fjalë, ndjesi dhe perceptime që nuk janë të shprehshme brenda gjuhës. Në njëfarë mënyre, poet i suksesshëm është ai që ia del të përkthejë disi me fjalë këtë anë të pathënshme e të pathënë të njeriut. Asnjëherë, askush nuk ia ka dalë ta shprehë plotësisht, por fatlumë janë ata që i afrohen.

Intervistuesi: Keni botuar poezi në disa gjuhë, përfshirë këtu edhe libra në anglisht dhe italisht. Si ndikon zgjedhja e gjuhës në përjetimin dhe interpretimin e poezisë?

Olimbi Velaj: Kam pasur fatin të përkthehesha në bullgarisht e rumanisht në fillim të viteve 2000, falë dashamirësve e miqve që janë edhe njohës të mirë të letërsisë. Në bullgarisht u përktheva falë interesimit të Rusana Bejlerit, e cila me studentët e saj të ballkanistikës për vite me radhë punoi për të paraqitur autorë shqiptarë në faqen zyrtare të Universitetit të Sofjes. Ndërsa Ardian Kyçyku përktheu e botoi cikle për revistën "Haemus", si dhe për disa antologji të festivaleve në Rumani, ku mora pjesë asokohe. Më tej ishte Robert Elsie e Hans-Joachim Lanksch, që së bashku me Ardian Marashin, më bënë pjesë të një reviste europiane trigjuhëshe, online. Me kohë fillova të merrja ftesa për festivale e kështu rrethi i përkthimeve u zgjerua në shumë gjuhë. Ndihesha mirë kur përkthimet bëheshin drejtpërdrejt nga shqipja. Por, në shumë raste, poezitë u përkthyen duke u nisur nga anglishtja. Sidoqoftë, mënyra si shkruaj nuk lë shumë vend për devijim në përkthim, mjafton që çdo fjalë e varg të përkthehet me besnikëri. Kur komunikoj me përkthyesit, që në fakt të shumtën e herës janë poetë, ua them këtë. Por edhe shumë prej tyre ma pohojnë se nuk është fort e vështirë ta përkthejnë poezinë time. Fatmirësisht, në shumë raste, cilësia e përkthimit ka qenë vërtet e lartë. E kam kuptuar këtë sidomos nga reagimi i lexuesve kur kam bërë lexime në publik. Mendova se publikimi i një vëllimi shqip-anglisht do më ndihmonte më shumë dhe përkthimin ia besova Ukë Zenel Buçpapajt. Nga tri vëllime, dy janë shqip-anglisht. Ndërsa botimi i një vëllimi shqip-italisht u realizua falë dashmairësisë dhe vlerësimit të poetëve e botuesve italianë Beppe Costa e Claudio Moica, si dhe falë punës shumë të përkushtuar në përkthim, që e realizoi Valbona Jakova. Ky është vëllimi i parë i botuar jashtë vendit dhe ka pasur sukses.

Intervistuesi: Cilët autorë ose vepra e kanë ndikuar më shumë stilin tuaj letrar?

Olimbi Velaj: Në rininë e hershme lexoja me shumë interes antologjitë e poezisë botërore që botoheshin dhe shumë nga poetët botërorë që ishin përkthyer te ne. Jam ndikuar nga poetët arbëreshë të romantizmit dhe nga poetët tanë më të mirë të periudhës para Luftës së Dytë Botërore. Një ndikim të madh pati një kolanë e poezisë së botuar në Tiranë nga poetët e Kosovës të gjysmës së dytë të shekullit të XX. Po ashtu jam ndikuar nga poetët e viteve '60 në Shqipëri, midis të cilëve veçoja Fatos Arapin. Në fillimet e mia, për shumë kohë kopjoja stilin e të tjerëve, mirëpo në të njëzetat, në mënyrë të vetvetishme, e kisha arritur stilin tim. Kishte ardhur natyrshëm koha kur nuk pranoja më të isha një imituese e mirë. Mendoj se vitet intensive të të shkruarit gjatë adoleshencës më çuan në mënyrë të pashmangshme në këtë rezultat. Dhe që prej asaj kohe vetëm përpiqem ta përmirësoj mënyrën e shprehjes, duke iu afruar thjeshtësisë, e cila vjen si pasojë e një përpunimi shumë të kujdesshëm dhe jo nga të hedhurit bruto në letër të gjithçkaje që më vjen në mendje. Ka një dallim shumë të madh midis një teksti që ka arritur thjeshtësinë, pasi e ka tejkaluar sofistikimin, dhe një teksti që është i thjeshtë, gati prozaik, për shkak të të qenit i papërpunuar.

Intervistuesi: Botimet tuaja janë prezantuar në mbi njëzet vende. Si ndiheni kur poezia juaj përkthehet dhe lexohet në kaq shumë gjuhë dhe kultura të ndryshme?

Olimbi Velaj: Në mesin e të tridhjetave, rasti e solli që të shkoja në disa festivale të rëndësishme ndërkombëtare, ku merrnin pjesë poetë të zëshëm bashkëkohorë. Gjatë atyre përvojave e kuptova se ku qëndroja në krahasim me të tjerët, kuptova se çfarë përfaqësoja në sytë e lexuesit. Mund të them se këto lloj përballjesh të ndihmojnë të rritesh, ta zgjerojnë horizontin dhe të bëjnë më të vetëdijshëm për gjithçka. Në disa raste më ka ndodhur të lexoj para audiencave që nuk e kishin idenë as se si tingëllonte gjuha shqipe. Me kohë mësova edhe të performoja në publik dhe mund të them se nuk kanë qenë të pakta rastet kur jam ndier mirë. Por, të jem e sinqertë, lidhja ime me marketingun e poezisë mungon. Nuk jam kujdesur që cilësia e poezisë të shkojë doradorës me publikimin e saj. Poetët e "gjuhëve të mëdha" (në kuptimin e numrit të folësve të atyre gjuhëve) e kanë "vetvetiu" të siguruar suksesin, kurse poetët e "gjuhëve të vogla" nuk e kanë këtë shans. Në Shqipëri as nuk e dimë çfarë është agjenti letrar, cili është roli i tij në njohjen dhe suksesin e një poeti. Ndërsa të qenit poet në gjuhët kryesore të jep avantazhin e njohjes dhe publikimit të gjerë, të qenit poet në gjuhë pak të njohura kërkon ose një mbështetje të shkëlqyer nga shteti, ose një inteligjencë dhe fat shumë të madh në gjetjen e ndonjë agjenti e botuesi prestigjioz. Mbi të gjitha kërkon të jesh vetë edhe poet, edhe menaxher, gjë që rrallë ndodh të jenë bashkë të dyja tek i njëjti person. Për të qenë i suksesshëm, përveç të qenit i vetëdijshëm për vendin dhe cilësinë që ke si poet, varet se sa shumë do dhe sa di t'i shërbesh artit që bën. Kësisoj, dua të them se jam e qartë se poezia e mirë mund të jetë ose të mos jetë e suksesshme në kuptimin e tregut, por kjo nuk e bën atë më pak cilësore, thjesht e bën më pak të receptueshme. D.m.th., ajo mbetet e njëjtë edhe nëse njihet pak. Të mos harrojmë edhe se jetojmë në një epokë kur leximi i letërsisë në përgjithësi po humbet me shpejtësi terren, aq më tepër leximi i poezisë. Megjithatë, u jam mirënjohëse të gjithë atyre poetëve që e kanë përkthyer poezinë time dhe që më kanë bërë pjesë të festivaleve, antologjive ose revistave në vendet e tyre.

Intervistuesi: Interesat tuaja studimore përfshijnë baladat dhe folklorin. Si e shihni rolin e baladave dhe traditës gojore në letërsinë e sotme bashkëkohore shqipe?

Olimbi Velaj: Tradita gojore është një burim i përhershëm për poetët shqiptarë. Si të gjitha letërsitë e botës, edhe letërsia shqipe i detyrohet traditës orale. Por, te ne lidhja me folklorin është e ngulitur më shumë se në letërsitë e tjera, edhe për shkak të rrethanave historike, të shtetformimit të vonë, të vonesës në krijimin e një alfabeti të unifikuar dhe të pengesave për mësimin e shqipes e për arsimimin e shqiptarëve në përgjithësi. Poezia popullore ka qenë gjithmonë referencë e poetëve tanë të rilindjes dhe po aq e atyre të gjysmës së parë të shekullit XX. Në gjysmën e dytë të shekullit XX, ajo shërbeu si një burim për disa nga poetët më të njohur. E po kështu edhe në shekullin XXI. Brezi i poetëve që nisi të shkruante pas viteve '90 dhe që vijoi në vitet 2000, e ka parë si një pasuri të natyrshme poezinë popullore dhe i është referuar asaj. Pavarësisht se ky është një brez, që në mënyrë radikale thyen skemat e socrealizmit, ai kurrë nuk injoron traditën gojore. Sot, kur po i afrohemi fundit të dekadës së tretë të shekullit të XXI-të, nuk mund të them me po atë bindje se ndjehet po ai kujdes dhe po ai kërkim nga ana e poetëve të rinj, që sapo kanë nisur të debutojnë. Por nga leximet që bëj, shoh se ka nga ata që i qasen trashëgimisë gojore dhe që dinë si të gjejnë shumçka në të.

Intervistuesi: Jeni edhe përkthyese e poetëve botërorë bashkëkohorë. Si ndikon përkthimi i veprave të tjera në poezinë tuaj?

Olimbi Velaj: Kontributi im në përkthim ka nisur herët, por nuk jam marrë intensivisht me të. Ndër vite kam përkthyer pak libra, ku spikat një antologji e poezisë klasike bullgare. Herë pas here përkthej cikle të poetëve bashkëkohorë, kryesisht si një punë në ndihmë të festivaleve ose për qëllime botimi në suplementet letrare. Nuk kam hequr kurrë dorë nga përkthimi letrar, edhe kur punoja si gazetare. Përkthimi mbetet gjithmonë një sfidë e kënaqësi për mua. Sa më shumë përpiqem të gjej fjalën e duhur, kuptimin e saktë, muzikalitetin e ngjashëm me origjinalin, aq më shumë zhytem në gjuhën shqipe, në thellësitë dhe bukuritë e saj. Është punë e mundimshme, por edhe shumë frytdhënëse. Mua më ndihmon shumë dhe këtë e vërej kur shkruaj poezi. Të përkthyerit është si një lloj ushtrimi që të mban brenda gjuhës amtare, duke e testuar vazhdimisht mundësinë e saj të shprehjes. Nuk e kupton atypëraty sa të ka vlejtur, por me kohë e ndien efektin. Çdo tekst lë gjurmë. Poezia, mbase pak më shumë se llojet e tjera të teksteve. Dhe në një farë mënyre e pasuron mënyrën e të shkruarit, vizionin, asosacionin. Përkthimi të jep maturi dhe një lloj përkorjeje në punën me fjalën. Nuk e merr dot më të mirëqenë çdo sintagmë dhe mendohesh mirë kur e shkruan, e peshon shumë më tepër se dikush që nuk merret me përkthim.

Intervistuesi: *Si e ndani kohën dhe energjinë mes shkrimit dhe mësimdhënies?*

Olimbi Velaj: Në rastin tim nuk bëhet fjalë për ndarje të kohës. Unë, kohën dhe energjinë kryesore ia kushtoj punës dhe familjes. Shkrimi është diçka që nuk e ushtroj përditë, në kuptimin që nuk i ndaj çdo ditë 2-3 orë për këtë punë dhe e kthej në rutinë. Jo. Nxitem nga leximet, nga situatat, nga imazhet, nga zhurmat e tingujt, nga përjetimet e përditshme gjatë ndërveprimit tim me të tjerët, me botën. Nëse ndodh diçka e fortë, e cila mund të konvertohet në poezi, atëherë e shkruaj. Por kurrë nuk shkruaj nëse nuk e ndiej. Për mua nuk ka rëndësi as sasia dhe as intensiteti i të shkruarit, por vetëm vërtetësia dhe cilësia. Vërtetësi në kuptimin e së vërtetës artistike. Mësimdhënia më pëlqen dhe më ndihmon në krijimtari, sepse disa nga lëndët në fakultet janë të lidhura me të shkruarin si praktikë ose me interpetimin e tekstit.

Intervistuesi: *Çfarë, nga ato që nuk janë në libra, u mësoni studentëve për poezinë?*

Olimbi Velaj: Mbi të gjitha u mësoj të mos i marrin të mirëqena të gjitha ato që shkruhen për poezinë. Si fillim të lexojnë sipas mënyrës së tyre çdo tekst, mundësisht pa u ndikuar fare nga interpretimet e mëparshme. U mësoj t'i qasen poezisë në një mënyrë shumë konkrete. Të kuptojnë se art është ai që kalon përmes teje duke lënë gjurmë, ai që të prek, që të skanon, aq sa të të duket sikur je ti vetë autori i tekstit që lexon dhe jo dikush tjetër, ai që të bën të reflektosh, të hysh në një bisedë të thellë me veten. Mbi të gjitha poezi do të thotë humanitet. Përpiqem t'u mësoj se nuk është forma ajo që ka rëndësi dhe se analiza e interpretimi kanë lindur pas leximit të tekstit dhe jo para. U them se në pikëpamje utilitare, poezia është një nga gjërat e padobishme të kësaj bote, por që pa të bota jonë do ishte një shkretëtirë. Duam apo s'duam, është një zhanër i epërm dhe unë përpiqem me çdo lloj forme që t'ua bëj të qartë këtë studentëve.

Intervistuesi: Si e përdorni poezinë për të trajtuar ose komentuar mbi çështjet e sotme sociale dhe kulturore?

Olimbi Velaj: Nuk jam një poete e angazhuar, por kam shkruar shumë poezi që e mbartin shqetësimin social, që trajtojnë ose komentojnë çështje të ditës. Në përgjithësi nuk besoj se është poezia forma më e mirë për të folur mbi çështje të tilla, por nuk e përjashtoj në mënyrë kategorike mundësinë dhe efektin e saj. Dhe, sidomos, jam kundër idesë e praktikës së mësimdhënies së poezisë përmes shembujve që janë politikë e socialë. Jo se nuk ekziston kjo lloj poezie, por sepse poezia është metafizikë para se të jetë histori ose apel. Rasti e ka sjellë që të jem pjesë e mjaft antologjive, kundër luftës, kundër dhunës, etj. Poetët sigurisht që kanë një rol shumë të madh në histori dhe në bashkëkohësi. Ata mund dhe duhet të shkruajnë për kohën dhe ngjarjet, por nuk besoj se është një e mirë për poezinë ta kthesh këtë si qëllim në vetvete. Dhe po ashtu jam kundër idesë së dorëheqjes së poetit nga roli aktiv si qytetar. Poeti nuk duhet të fshihet pas artit për t'i ikur përgjegjësisë si qenie politike. Në njëfarë mënyre, duam apo s'duam, edhe me shkrimin, edhe me heshtjen, ne i pohojmë qëndrimet tona. Indiferenca e poetëve është një gjë e pafalshme, po aq sa ç'është e pafalshme vënia e poetit në shërbim të propagandës.

Intervistuesi: Si e shihni të ardhmen e letërsisë shqipe, veçanërisht në kontekstin e globalizimit dhe ndikimit të kulturave të tjera?

Olimbi Velaj: Si të gjitha letërsitë e "gjuhëve të vogla", edhe letërsia shqipe rrezikohet nga cunami i globalizmit. Mendoj se së pari duhet të krijohen mekanizma për të evidentuar e promovuar këtë letërsi përtej kufijve, siç bëjnë vendet baltike ose vendet skandinave, por edhe fqinjët tanë këtu në Ballkan e, po të doni, edhe këtu në Ballkanin Perëndimor. Për sa i përket mbështetjes së letërsisë vendase, ne ende nuk jemi të krahasueshëm as me fqinjët. Megjithatë jemi shumë më mirë se ç'ishim.

Intervistuesi: Çfarë e bën poezinë një formë kaq të thjeshtë e të fuqishme për ju personalisht?

Olimbi Velaj: Nuk jap dot një përcaktim të saktë për këtë, por mund të them se poezia është një formë e epërme e krijimit. Fakti që mbështetet mbi gjuhën, por që e përdor atë sipas parimeve e rregullave të tjera, larg komunikimit utilitar, e bën edhe befasuese. Bashkëshoqërimi i ideve dhe mënyrat e të thënit që në ligjërimin bisedor do të ishin të papranueshme, provokimi i ndjesive, hapja e një hullie të re të të parit të gjërave, si dhe realizimi i të gjitha këtyre vetëm përmes pak fjalëve, madje duke u përpjekur që ekonomizimi të jetë gati ekstrem, janë disa nga përbërësit që e bëjnë poezinë një zhanër kaq të suksesshëm dhe që vijon të jetë vital edhe pse kanë kaluar mbi gjashtëdhjetë shekuj që nga tekstet e para që e dokumentojnë atë.

Intervistuesi: Si e keni përjetuar marrjen e çmimeve të ndryshme letrare?

Olimbi Velaj: Si një konfirmim për atë që shkruaj dhe si një mirënjohje për juritë që m'i kanë dhënë ato çmime. Afirmimi im si poete ndodhi në kapërcyellin e dy epokave dhe, kuptohet, që është e vështirë të ndërtohen karriera normale në kohë anormale. Për mua ato çmime që kam marrë, kanë qenë edhe një lloj përforcimi i idesë se ia vlen të vazhdosh përpara, pavarësisht heshtjes që të rrethon. Që në fillimet e mia refuzova të përshtatesha me "njeriun e ri" të tranzicionit, që është një monstër shumë më e tmerrshme se "njeriu i ri" i monizmit. Ky refuzim e kushtëzoi jetën dhe karrierën time deri në atë pikë sa dikur e pranova si një gjë normale, si një kosto të cilën duhet ta llogarisja, përderisa kisha zgjedhur të mos konformohesha në asnjë mënyrë.

40

Intervistuesi: A e ndryshojnë çmimet mënyrën se si i afroheni krijimit?

Olimbi Velaj: Jo, nuk e ndryshojnë në mënyrë të drejtpërdrejtë. Ato ndryshojnë vetëm mënyrën se si i afrohen lexuesit tekstit, i cili ka qenë aty, i njëjtë gjithmonë, por i pareklamuar. Çmimi të bën të dukshëm në sytë e atyre që nuk janë lexues të vëmendshëm. Por gjithashtu çmimi të vendos në një lloj hierarkie formale, që ta lehtëson rrugën e mëpasme. Po nëse çmimet janë shumë të rëndësishme, sigurisht që ato të vendosin edhe para një përgjegjësie, fjala vjen, të shkruash më shumë, të mbash cilësinë, të jesh aktive në jetën letrare. Kur nuk je brenda spirales së çmimeve, nxitja vijon me inercinë e zakonshme, kurse kur hyn në këtë spirale të duhet ta menaxhosh më mirë kohën dhe energjinë. Për shembull, pas një çmimi të rëndësishëm rritet edhe interesimi për botimet e reja ose për përkthimin. Duhet të vendosësh mirë se çfarë është më e rëndësishme dhe më e dobishme e të mos humbasësh ndërkohë vetëm në probleme të promovimit. Në fund, me apo pa çmime, poeti është po ai.

Intervistuesi: Si lidhet puna shkencore dhe kërkimore me krijimtarinë?

Olimbi Velaj: Pak a shumë, siç u shpreha më sipër, edhe mësimdhënia, edhe përkthimi, por edhe temat e konferencave apo artikujt që botoj, janë thuajse në të njëjtën hulli. Nuk po bëj gjëra diametralisht të kundërta. E gjithë puna ime konvergon. Vijoj me hapa të vegjël një rrugë të gjatë, që e kam nisur në rininë time.

Intervistuesi: Ç'këshilla do u jepnit poetëve të rinj në fillimet e krijimtarisë?

Olimbi Velaj: Të lexojnë shumë, të hetojnë me kujdes dhe të kuptojnë se si e shkruajnë poezinë disa nga poetët më të mirë vendas e botërorë. Të kuptojnë çfarë është origjinaliteti dhe të bëjnë çmos për të krijuar individualitetin e tyre. Të dëgjojnë zërin e brendshëm dhe të vazhdojnë përpara, edhe pse mund të mos gjejnë gjithmonë mbështetje. Të mos u hyjë kurrë vetja në qejf, sepse kështu do të bënin harakiri. Të refuzojnë vanitetin dhe gjithçka që është sipërfaqësore. Të mos maten me të tjerët, por të kërkojnë thellë brenda vetes e të shkruajnë të vërtetat e tyre. Të mos heqin kurrë dorë nga puna me poezinë, pavarësisht se kjo punë mund të mos jetë gjithmonë intensive. Dhe mbi të gjitha, të mprehin mjeshtërinë e vëzhgimit e ta vendosin veten në vendin e tjetrit. Nëse u mungon empatia dhe inteligjenca emocionale, mendoj se rruga drejt poezisë është një bast i humbur.

Intervistuesi: Si e shihni ndikimin e kulturës dhe gjuhës shqipe në krijimtari, veçanërisht në kontekstin ndërkombëtar?

Olimbi Velaj: Kemi një gjuhë e kulturë të dallueshme dhe të veçantë, e cila shpërfaqet edhe në letërsinë që bëjmë. Rëndësi ka që të dimë t'i vlerësojmë rrënjët tona dhe të përqendrohemi tek origjinaliteti ynë. Prirjet për t'u ngjarë të tjerëve ose për të minimizuar rëndësinë e kulturës sonë janë shumë të dëmshme dhe negative. Pas ndërrimit të sistemit në Shqipëri, u duk sikur çdo gjë që kishim bërë qe e rreme, por kjo nuk është e vërtetë, të paktën jo për poezinë. Sigurisht që gjatë monizmit u krijua një produkt letrar i kontaminuar nga ideologjia, por vlerat më të mira të poezisë sonë vijuan të ruheshin e të tejçoheshin edhe përgjatë atyre viteve. Kulturën dhe gjuhën, më shumë sesa regjimet, i ruajnë ose i dëmtojnë ata që i lëvrojnë.

Intervistuesi: Ç'keni dashur të shkruani e nuk jeni bërë kurrë mbarë ta nisni?

Olimbi Velaj: Një roman.

Intervistuesi: Çfarë po shkruani aktualisht?

Olimbi Velaj: Po punoj për t'i dhënë dorën e fundit një vëllimi me poezi, shumicën e të cilave e shkrova gjatë pandemisë.

Intervistuesi: Punë të mbarë dhe shumë suksese! Faleminderit që i ndatë këto mendime me lexuesit tanë!

Olimbi Velaj: Faleminderit edhe juve dhe shumë suksese!

FUAD RIFKA

Poezi

Fuad Rifka (Siri, 1930 - Liban 2011) studioi filozofi në Bejrut dhe më vonë në Gjermani, në Universitetin e Tubingenit, mori doktoratën me temë: "Estetika e filozofisë së Hajdegerit". Rifka, së bashku me Adonis dhe Mahmoud Darwish, konsiderohet si një nga zërat më të rëndësishëm risisjellës të poezisë arabe. Edhe pse ka qenë një njohës i shkëlqyer i qytetërimit perëndimor, sidomos poezisë moderne gjermane (përkthyes i veprave më të rëndësishme gjermane në arabisht: Novalis, Hölderlin, Rilke, Trackl etj.), poezia e tij gjithmonë ngërthen aromën meditative të parfumit lindor. Poezia e tij është përkthyer në frëngjisht, anglisht, gjermanisht e shumë gjuhë të tjera.

2 gusht 1984

Ç'i ndodhi
druvarit?
Dikur ai këndonte
si zogu në shpatull të malit
herët në mëngjes.
Dhe sot ai s'flet më,
u bë memec,
si guri në shpellë.
Kushedi? Ndoshta u lodh.
Kur lumi kaplohet nga lodhja
zë e dashuron rrafshinat
dhe terrin e detit.

Muhabet

- Më do?
- Të dua.
- Shumë?
- Më shumë nga sa mendon.
- E megjithatë, përherë je larg, përherë udhëton!
- Sepse udhëtimet e mia janë shtegu drejt teje.
- Kur do mbërrish?
- Nuk do mbërrij kurrë.
- Pse?
- Sepse ti je drejtimi, dhe drejtimi është drejtim.
- Si të fshehtat?
- Si të fshehtat.
- Dhe rrugës pra, çfarë bën në kohë të nxehti, urie e stuhish?
- Të shoh përtej maleve e xhunglave dhe vazhdoj të eci.
- Ku?
- Drejt teje.
Heshtje e ngrohtë, e thellë; ajo ngre kokën
dhe sheh një qiell të paanë në sytë e tij,
pyje plot me sytha.

Pëshpërimë

Kalimtarit
lumi i pëshpërit:
jam udhëtimi.
Lumit
deti i pëshpërit:
jam velorja.
Detit
largësia i pëshpërit:
jam kapiteni.

Koha

Koha është një sogjetare e besueshme.
Nuk lodhet kurrë,
nuk pushon kurrë,
nuk plaket kurrë.

Përmes epokave,
çdo çast i bie kambanës
e zgjon kurmin
e vë për udhë.

Re

Një re e bardhë.
Ka frikë.
Mos do të bjerë?
Mos era do ta gjëmojë tutje?
Në këndet e panjohura të kësaj toke
veç ajo e njeh atë
veç ajo ia mbyll sytë
dhe ia ndryn derën.

Ylli i mëngjesit

Në fund të natës
drejt yllit të mëngjesit
ai ngre vështrimin.
E kalon natën i vetëm
ndërsa ndriçon dritare.

Dy miq -
krejt qielli mes tyre.

Kopsht

Mes gardh e muresh
ndën vreshta,
të pavëmendshëm ndaj dëmtimit,
roja rri zgjuar.
Dhe natën
pa trokitje në derë
pa u penguar
vjeshta përvidhet ndër pemë
e mbush thesin me fruta
dhe fshihet përnën gjethe.

(një zë prej reve)

lutu dhe bëj sogjë
askush nuk e di
kur hajduti mund të vijë.

Siesta

Nën një pemë ulliri
në zgrip të kullotës
një lopë gjysmë e përgjumur,
mbi kurriz të saj një zogth i hirtë
që i çukit qafën.
Në pendëlat e tij
gërsheta Indianësh të Kuq

Fallxhorja

Ajo bën shenjë nga një yll
që të tregon hijen tënde tjetër.
Në një poezi të vetme, sheh
të vërtetën e Zotit, të vërtetën e tokës
dhe gjithçka tjetër mes tyre.

Sheh një pëllumb
që fle si endacak
nëpër plasa, ose nget vetëtimën
gjerkur qëndron në një re blu
ankoruar në detërat e vet.

Je në kërkim të një harte të re.

Teori

Ai hap dritaren e kokës së vet
Zoti rri tërhequr në largësi,
bëhet një re e thatë.

Ai hap dritaren e zemrës së vet
Zoti afrohet
i shpërpushet pas qerpikëve,
dhe brenda syve të pikëlluar
ndez kandilin
dhe rri zgjuar.

Pikëllim

Në dorën e tij të majtë dielli tharbëtohet
në të majtën e tij, hëna bëhet e gjelbër
në zemrën e tij
princesha e dashurisë.
Dhe, oh, ky pikëllim,
ky pikëllim gjethe-errët.
Pse?
Prej nga?

Një mendim

Mes syve të tij e lotëve të saj
kjo valixhe, përherë e gatitur
dhe largësitë e shumë udhëtimeve
për të parë
për të ndjerë zjarrin e poezisë
në një dhé të huaj

Ëndërr-realitet

E djathta e tij - deti
E majta - rëra.
Një këmbë në det
Një këmbë në rërë.

Cila është ëndrra,
cili realiteti?

Qytetërim

Kufij,
pika kontrolli,
tela me gjemba,
pasaporta.
E megjithatë në skajet e tokës
pa asfare mure
dallëndyshja kalon përmbi
dhelpra vjen rrotull.

Zot i Kohës

Ti ndërton pafundësisht
shtëpinë Tënde brenda nesh,
gur mbi gur.
Lartësohesh si largësitë gjethnore të pemëve
në kërkim të skajit qiellor
dhe përndrit
një yll të gjelbër në ajrin e gjelbër.
Me duart tona të ndara
biem në gjumë.
Megjithatë
duke endur përmes korijeve të natës
thur botën tonë
me cene
O Zot i Kohës

Një lule

Ç'prej fundit
të një gjoli në shkretinë
një lule ngre krye,
përnën diell
në sipërfaqe të gjolit
qerpikët shpërfaqin
një siujdhesë për bletët.

Shajni

Gjithë ditën
në qiell ky zog,
ku të prehet?
'Në pemë'
Ku është pema?
'Në fushë'
Ku është fusha?
'Në veri të pyllit'
Ku është pylli?
'Në lindje të malit'
Ku është mali?
'Ja, o i verbër, a nuk e sheh?'
Oh, po, e shoh,
shoh male plehurinash, me tymin që i vjen erë fushash e pemësh.
(një zë nga fundi i shekullit XX):
'Shenjat janë erëra të pashmangshme. Ndër yje,
Atë ditë,
Nëna nuk do ta kujtojë foshnjën e saj
As qielli yjtë e vet,
dhe mes stinëve
nuk ka kohë për të bërë kapërcimin.

Dëshirë

Për të untin
qoftë kjo poezi
bukë edhe vaj.
Për të eturin
përrenj të ftohtë.
Për shtegtarin
shtëpi e pishtar.

Për jetën
qoftë zambakë e vesë
qoftë të korra.

Mjegulla e detit

Drejt faltoreve
për kaq shumë vite
ai shkel gjemba e kallamishte.
Përnën yjet e akullt
ai ngre kokën nga shkëmbinjtë,
sheh malet.
E di se liqenet janë përtej
dhe përtej liqeneve
mjegulla e detit.

Hiroshima

Në fillim ishin elementet
ishte dhe dashuria,
ndaj ata u shkrinë mesvedi.
U bënë një pemë ulliri
dhe Zoti e quajti Hiroshimë.
Poshtë saj, pushonte Ai.

Në zgrip të dimrit
i tha vetes Zoti:
erdhi pranvera,
po bëj para nga fushat
ku shatet janë të ngrohtë
dhe dëshira fërgëllon përnën tokë.

Epoka kaluan
ndërsa Zoti lëronte tokat
shpërhapte farat,
mblidhte të korrat e pjekura.
Në shtamba
hidhte verë dhe vaj.

Kur mbaruan të korrat
e pa se çdo gjë shkonte mbroth
Ai tha:
Tani erdhi koha të pushoj.
Te pema e ullirit do shkoj
se hija e tij është e errët dhe e gjerë.

Rrugës
nuhati tym.
Vështroi lart
dhe pa ullirin në flakë:

një çadër
një kërpudhë që ngrinte kryet lart,
pluhur që rrëmbushte fytyrat,
dhe mbi ujëra, erërat e Sodomës.

Shkëndijë

Në terrin e luginave
përroskat vezullojnë
në terrin e rrënjëve
fruti shkëlqen
në terrin e shpellave
pishtari flegërin
në terrin e plagëve
himni shpërthen.

Përktheu dhe përgatiti: Elvana Zaimi

ROLAND GJOZA

E fejuar për një natë

Kam mbetur pa para. Është e kotë të kërkoj tim bir; më vinë prej larg kambanat e kishës së Shën Anës mbi kodrën me ullinj dhe mjegull dhe më del përpara fytyra e buhavitur nga të pirët e atë Kirillout. "La Stampa" e kishte emrin bari ku u futa, me shpresën se mos gjeja ndonjë shqiptar, po aty vërtiteshin njerëz me kravata. Ku të shkoja? Ajo që kishte ngjarë ishte si një mallkim për mua. Po nuk ia falja vetes atë dëshirë përvëluese për ta patur përsëri. Digjesha nga një epsh i fortë, gati i papërmbajtur. Isha pesëdhjetë e pesë vjeç dhe kjo s'më shkonte kur sillja nëpër mend fytyrën e saj. Ai refleks kofshe në traget, që më tronditi me një ndjenjë epshi e faji, ndoshta ishte fillesa e mëkatit.

Çiftin e përcolli një grup i madh njerëzish dhe lulet që mbanin në duar përfunduan në det. Ishte një det i zi nate, me një oshëtimë të mbytur. Xheki, kështu e quanin vajzën, nuk e hiqte krahun nga supi i të fejuarit, Bebi, një shpatullan i qeshur, që të ngjiste menjëherë si tip me ata sy të ëmbël si prej gruaje dhe që më dha të njohur i pari. Shkoni tani, iu thërriste njerëzve, që s'kishin të ndalur, ja, një vrap pele e jemi në Brindizi. Pastaj kthehej nga unë: Ç'lolo! Ej, regjisor, po ti?

Kërkoj djalin, i thashë. Me anijet? pyeti. Po, ia bëra me kokë. Ne u fejuam në kishë, se kështu donte nëna dhe babai i Xhekit, s'ua prisha! E kanë vajzë të vetme, është kanakarja e babushit.

Ajo ishte shumë e bukur, me sy të mëdhenj jeshil me bisht, me një fytyrë të freskët ku binin në sy mollëzat e dala që i jepnin një grimë vulgariteti epshndjellës. Ishte e gjatë, e kolme, me spikamë të fortë të formave hamgjitëse. S'të shqitej syri prej hireve që i kishte më të tepërt.

Xhek, thoshte ai, ky regjisori kërkon djalin... i ka ikur... të besohet, shpirt? S'ka pyetur për babanë që e ka të famshëm. Ajo kthente sytë nga unë me një gaz shpërthyes dhe i varej atij në sup. Dukej që e donte shumë. Pastaj hëngrëm. Ai nxirrte një faqore nga çanta dhe pinte me gllënjka të vogla. E tërheq? Më pyeti me zhargon. Jo tani...

Ajo dukej e lumtur. Shumë e lumtur. Ai çakërrqejf, tip i shkujdesur, që e linte veten të shkiste si gjethja në rrjedhë.

Tërë ajo bukuri që kishte pranë sikur bëhej fir pranë tij. Sa natë e bukur, thashë. Natë pa hënë. Po seç ka një ndjellje të mirë... Është e bukur vërtet, tha ajo, se unë sapo u fejova dhe jam shumë, shumë e lumtur. U puthën në buzë, duke u shtrënguar, pa pyetur për mua. Pastaj nuk i pashë më për një kohë, ndërsa unë rrija dhe mendoja për djalin. Më la, pa më thënë gjysmë fjale, na la... të paktën t'i thoshte asaj, të ëmës diçka, po ka patur frikë... ia ushqyem vetë Italinë me bisedat tona të lira në sy të fëmijëve... atje në shtëpi vazhdonin të prisnin njerëz si për zi... ndoshta ishte një nga ata që kacavirreshin te litarët... sikur e pashë në një sekuencë, por jo... jo, jo, nuk jam besëtyt, po tejet realist, kështu nuk shkon... si me përdhunë më nisën... shko, ç'pret... shko kërkoje dhe na jep një shpresë se po vdesim për së gjalli...

Ata të dy u dukën përsëri: ai i lodhur, si prej një vrapimi, ndërsa ajo e skuqur në fytyrë, po krejt e kënaqur, sikur kishin fituar në një lojë fati. Ai qeshi pa shkak dhe ajo qeshi, pastaj të dy nuk pushonin duke treguar se si i fshihte shishet e rakisë Atë Kirillou nën rraso, se si i hapej goja babait të Xhekit, se edhe ai kishte pirë, se si të gjithë i uronin duke përlarë nga hajet në tryezën e gjatë e duke pirë si të babëzitur. Atje i kishte rënë të fikët Atë Kirillout dhe, pasi ishte përmendur, kishte kërkuar një krevat sa për të bërë një çikë gjumë. Ma mbaj mirë çupën, dëgjon, Bebi, i thoshte si me hakërrimë babai i Xhekit, ë, të keqen nëna, ndërhynte nëna e saj, se e kam rritur me këto dy duar, sikur të qëndisja një dantellë. E kam engjëll, që iu bëfsha kurban!

Po më mërziste kjo skenë, sepse përherë e më fort po më grinte malli për djalin. Katërmbëdhjetë vjeç dhe ia kishte mbathur. Thonin se e kishin parë në Romë te benediktinët, një seminar në Via Azzura, 213. O Zot, po sikur mos ta gjej, po sikur... dhe deti, deti i zi... Deti pa hënë. Ja dhe ky çift që vetëm qeshte e hargalisej, kur e kur largohej dhe bënte qejfin e vet, ku t'u tekej. Ai e detyronte dhe atë të pinte nga pak raki. Xheki kishte buzë të mishtorme që të lektisnin, një zë ledhatues, që e ndieje me një angështi mbytëse, vështrimi i saj i drejtpërdrejt, fare i dëlirë, megjithatë ishte provokues. Mund të luaje një rol dhe ta bëje mirë, mendova, ndërsa kujtova skenarin që kisha nëpër duar, Tamara që pret, i shërben nënës së tij dhe ai pas dy vjetëve e merr në telefon dhe i thotë se është e lirë, të shkojë ku të dojë, është martuar me një greke... Tamara... që i rri te kryet nënës së tij gjersa ajo vdes dhe niset në Greqi të takojë atë, ish-burrin e saj, t'i lërë amanetin e nënës... se është nusja e tij... E arrin, mendova, mund të krijojë një tip të veçantë, ka diçka nga Irene Papas... Dhe mendimin tim ua thashë atyre: vajza shtangu nga habia, ai qeshi shkujdesur, sikur t'u thosha se nuk kishim për të mbërritur kurrë në Brindizi. Vërtet? - tha më në fund vajza. Ajo edhe mund ta luajë atë rol, tha Bebi, po ne s'kemi ndërmend të kthehemi, kot e ke... po që e luan atë rol, e luan...

Arritëm ndaj të gdhirë dhe ai më ftoi në vilën e tyre. Tani ti je regjisori i Xhekit, më tha si me shaka, eja sonte fli te ne...

Jo, do të nisem drejt e në Romë.

Jo! - tha Xheki. Po roli im... dua të më flasësh për Tamarën... gjithmonë kam ëndërruar të luaj në një film...

E gjithë kjo po më dukej absurde, sepse unë kisha një mision: të gjeja djalin e humbur. Ç'banalitet, nisesh për një gjë të rëndësishme, bie fjala për një dramë me një mundësi tragjedie dhe përfundon në një operetë për një grosh.

Ec, o regjisor, se kemi një vilë të madhe, pronari ka shkuar në Afrikë për një flutur të rrallë dhe na ka lënë vilën për ruajtje. Ka plot dhoma. Mos ia prish Xhekit. Kjo i pëlqen ëndrrat.

Ishte vërtet një vilë e madhe, me dy luanë te porta mbi një palë shkallë mermeri ngjyrë blu, përanash kishin çelur lulet e begonies. Ai e mori në krahë dhe e ngjiti lart. Asaj i ra njëra këpucë dhe unë i ndoqa me këpucë në dorë, ndërsa ndjeva gishtin e madh si m'u ngroh në meshinin ku kishte shtypur këmba e saj dhe padashur e vura në hundë dhe i mora erë.

Epshet gjithmonë janë vulgare. Ende ishte mugëtirë mëngjesi dhe s'kishte njeri që të më shikonte. Kundërmimi i begonies dhe afshi mbytës ku topitej djersa dhe parfumi i vdekur, të krijonin një gjendje sfilitjeje dhe asfiksie. Përvijimi i kurmit të saj në krahët e tij - supet e gjerë, shpina petë, kurrizi në gjysmë hark, vithet e rrumbullta që shquheshin fort - ishte kaq molisës dhe vetjak, sa mbeta gati pa frymë, shtanga aty te shkallët, sikur të gjitha më takonin, po një tjetër m'i kishte marrë. Ç'bën egoizmi! Ky deliri çmendurak i krijuesit.

U futa në një dhomë, u zhvesha dhe rashë të flija. Po s'më zinte gjumi. Ç'bëj, i thashë vetes, a flihet tani, kur unë duhet të ndodhesha në Romë në kërkim të djalit?

Dy-tri makina karabinierie më kaluan pranë me alarm. Mos mbledhin prostitutat në këtë orë? – mendova. Atje më rrinte mendja. Sa shpejt u bë ajo punë! O Zot, si mund të ndodhin aq shumë gjëra ende pa zbardhur dita? Xheki donte tekstin. I pëlqente pa masë ai detaji i telefonit, pastaj nuk i hiqej nga mendja që Tamara i qëndroi nënës së tij te koka gjersa ajo vdiq... Xheki dukej e lumtur! Nuk u kujtova t'i jepja këpucën. Nëpër mend e kisha, po seç më bënte ta harroja. Vila kukuriste nga të qeshurat. Jo, s'kisha si flija.

Atje lart kishte gaz, hare, ishin shtuar zërat. Po më çahej hunda për duhan. Po s'kisha. Fillova të ngjis shkallët. Një shuplakë, pastaj e dyta, e treta dhe asgjë më. Një e qarë që të këpuste shpirtin. Që tani, more vesh? Që tani! Bebi, je në vete? Ti je Bebi, apo një tjetër? Unë jam e fejuara jote, Bebi...

Zbrita. Pas pak zbriti dhe Bebi me një grup shokësh. Ej, regjisor, rri pa merak. Si në shtëpinë tënde. Nesër do të nisim për në Romë. Dhe ikën. Po Xheki?

Lart te shkallët rrinte një njeri. Kishte vënë duart në mjekër dhe këndonte italisht. Një këngë të trishtë. Ç'bëhej me Xhekin? Një dorë më bëri shenjë që të largohesha dhe unë u ktheva mbrapsht.

Hynë brenda Bebi me shokët. Ai, ndërsa ngjiste shkallët me hap të shpejtë, më tha: Kam një fjalë me ty, regjisor! Më prit!

Po më çahej hunda për duhan. Më dridheshin paksa duart. S'më mbante vendi. Doja të ikja nga ai vend, po nuk e di ç'më mbante, ndoshta kureshtja, ndoshta frika. Hapi derën pas pak dhe iu afrua dritareve. Do t'ia mësosh rolin Xhekit, regjisor? Ajo e qan atë rol, ta them unë... Ç'ta zgjas, ti i kupton gjërat, nuk u fejova për sytë e saj të bukur... është kokëderre... s'më bindet... Do ta bësh ti i pari...

që t'i dalë turpi...

Me ty pranon!

Më urdhëruan të hipi në makinë ku gati më shtynë dhe përfunduam në një rrugë ndanë një pylli, ku ende fenerët lëshonin një dritë të mekur si të sëmurë në mugëtirën e mëngjesit. Më lanë me Xhekin, së cilës nuk ia kisha hedhur sytë gjatë udhëtimit. Se si më vinte. Kisha një komb në grykë dhe isha gati të hapja derën dhe t'ia mbathja. Ajo qante. Një bluzë e shkurtër që i tregonte belin, një mini dhe këpucët me taka të larta, dy gisht të kuq buzësh dhe faqet rozë me pudër, sytë me rimel dhe qerpikë false shumë të gjatë dhe të kthyer, që lëshonin hije mbi mollëza. E kisha fare pranë. Bëje, më tha, bëje regjisor, se ata po na shohin. Bëje, tani s'ka më rëndësi asgjë... ata të gjithë e bënë me mua... Bëje, që të mos më vrasin... Është rasti im i parë dhe unë pranova vetëm me ty... për rolin që do më jepje... Dhe qante me gulshe, i dridhej mjekra, vurrata-vurrata kofshët si prej një sëmundjeje, jo, ishte e pamundur, krejt e pamundur! Nuk ishte më Xheki e tragetit. Nuk ishte Tamara, kurrsesi. Po... s'më bënte zemra ta shqiptoja.

Papritur ngriti fundin, u shtri përgjysmë dhe priti t'i bija përsipër. Ishte e pamundur t'i rezistoja atij kurmi mërshor, aq tundues, hapur aq krupshëm e pa fare ndjesi përpara një mashkulli dhe për një çast mendova se ajo s'ishte Xheki dhe unë s'isha një regjisor, që tani, në kohën e rënies së perdes, mund të quhesha si i rënë nga vakti. E bëra atë punë mekanikisht dhe ajo m'u dha po ashtu, ndërsa jashtë, në xhamat e makinës, hiqte vija vesa e mëngjesit. Kur mbaruam, ajo më pëshpëriti: 300 dollarë, të lutem, aq duan... përndryshe më vrasin! Aq kisha gjithsej. Ia dhashë. Vuri gishtin tregues në buzë dhe bëri: Shëëëët! Pastaj, kur po bëhesha gati të dilja, pëshpëriti: Ata të vrasin!

Kërkoja shqiptarë nëpër Brindizi, që t'u lypja para borxh, një mëkatar i mjerë plot justifikime. U ula në një stol, në një stacion autobusi dhe isha më i dëshpëruari njeri i Brindizit. E kotë të kërkoja djalin, e kotë, pothuajse e kisha humbur. Përdhosja kishte ndodhur disa orë më parë me një vajzë, që mund të ishte vajza ime. Hapa çantën për të kërkuar ushqimin që më kishte dhënë gruaja për rrugës dhe dora më preku këpucën e saj, këpucën e një të fejuare për një natë.

SHAZIM MEHMETI

Mbramja m'ka ardhë, si m'vije ti...

Mbramja m'ka ardhë, si m'vije ti,
flokështrue, me t'linjëta veshun.

 Mbetë jam veç me mbramjen tani;
muj me nisë me e ledhatue mbramjen,
tuj e mendue lëkurën tande, flokun tand,
mishin tand dritë.
Muj edhe me e pyet veten:
a e kam dashtë, aq sa kam dashtë
me e dashtë atë grue?

Muj me e pyet veten,
por nuk muj bash kështu,
se nuk jam i sigurt,
n'jam a nuk jam vetja n'këtë çast.

Por, qofsha a mos qofsha,
për nji gja jam shumë ma shumë se i sigurt:
s'kam dashtë me e dashtë veten,
sa kam dashtë me t'dashtë ty,
o ulkonjë e pangishme,
o grue e mbramjeve t'linjta,
që s'kanë harrim...

Dita m'ashtë e vranët, ajo ndrit...

Dita m'ashtë e vranët,
ajo ndrit.

E shoh,
e shoh edhe ma mirë,
vazhdoj ta shoh
ma mirë, ma mirë, ma mirë,
edhe krisshëm m'kris,
ky za i zemrës:
"Ruaje, Zot, ruaje!
Ajo nuk ashtë thjesht,
nji femën e bukur!
Ajo ashtë fryma jote
ma mahnitëse,
dhanë, dhurue,
qenies s'saj...
a syve t'mi..."

Oh, kjo ditë...

Oh, kjo ditë!...
Ndjellëse,
magjepsëse,
me tis andrrash n'sy,

e brishtë,
e paqtë,
e ndritshme.

Ma e ndritshme
se vetja,
m'vjen kjo ditë,

mu si
orkideja e netëve t'mia
kur m'vjen flokështrue,
me lule n'vesh...

Ashtë natë e drita jote m'ndrit, m'përflak...

Ashtë natë,
e drita jote m'ndrit,
m'përflak.

Aq m'përflak drita jote,
sa m'vjen me e shkulë zemrën
prej krahënueri,
e me ta dhanë.

Por, sa gja mund me qenë,
n'dritën tande, kjo zemra ime?
Pakgja, pakgja.

Oh, m'vjen me t'u dhanë me çdo ind,
me çdo flok, me çdo qelizë.
M'vjen me t'u dhanë, trupeshpirt, i tani.

Nuk due me gjysma me t'u dhanë.

Dhe, se si m'bahet, prapë se prapë,
se edhe kaq m'ashtë pak.
Ma shumë se i tanë, due me t'u dhanë.
Due me u djegë i tanëtanë,
n'dritën tande flakënuese,
n'magmën tande,
n'zjarrin tand t'brendisë...

Pikë

I vetëdijshëm
se jam verbue
e se nuk kam ma
dritë t'mjaftueshme,
dritshëm, n'vargje,
me t'dritësue,
po ta vë ktu pikën,
e po t'ha, të tanë,
ooo sy i flakëruet,
o lëkurë e lëmuet,
o mish i ambël,
i ngjizun, i bamë,
me majë drite...

Qe bukuri dhe bishë

Qe bukuri dhe bishë.
Nga mbramja n'mbramje,
nga andja n'andje,
e dashunoja, e përpija,
pandalun, atë bishë.

Ashtë punë Sizifi
t'dashunosh nji bishë,
kur ajo nuk ashtë ma.

Mbetun vetëm, si ky bli mbi mue,
nji tufë zogjsh m'ashtë drita.
N'kokërr shpine shtrue,
i ndigjoj melloditë e përmallimta t'dritës,
ha ngapak nga vetja,
dhe mu si këtë cigare,
deri n'thembra e përthith,
kujtimin për atë bishë...

Nata, si një kanarinë e largët...

Nata, si një kanarinë e largët,
këndon, këndon.

Asaj i janë ndezur sytë, shikimi:
me zell, ma ngjyron,
ma përflak, ma ledhaton
këtë çast të marrë.

Oh, po m'fryhet,
po m'pëlcet ky çast!
Ky çast m'ia ngjyron zellin
Hanës së Mirë t'netëve:
e ledhaton, e përflak,
e lë peng shpirtin
n'dëshirimin e saj…

Sy përpirës...

Nuk kisha pas pa, as nuk kisha pas pi,
sy të tjerë përpirës, si t'asaj.

Ndezur qe mbrëmja,
e më përpushtonin ata sy,
sikur donin të më thonë disi,
se duhet t'i marr, t'i përziej
me sytë e tjetrës që kisha n'krah,
dhe të bëj një koktej rinues sysh.

Oh, do kisha mundur
të dehem aq bukur me atë koktej.
Do kisha mundur ta deh edhe mbrëmjen.
Do kisha mundur të vdes lumturisht,
a të shndërrohem deri n'atë masë,
sa t'arrija t'flas, t'këndoj
me gjuhë zogjsh...

Hanë...

Ajo e do natën;
Hanë e quaj, Hanë m'është,
dhe m'është me hanë.

Nuk m'merr gjë;
marrë m'i ka të gjitha.

Nuk m'vjen dosido;
në çastin e duhur m'është aty.

Kur shkon, nuk m'është e shkuar;
e shkuar di t'më jetë, edhe pa shkuar.

Kur është me hanë të mirë,
nuk pret t'kërkoj:
ma lexon çastin,
dhe gjithë ç'më duhet,
n'dorë më lë.

Kur është me hanë zemre,
dënes, urdhëron, vepron;
e shalon çastin -
n'kokërr shpine m'hedh,
pa m'pyetur për gjë.

Nuk duron lutje;
kur e lus, armik më bën.

Nuk ka një tjetër Hanë dënuese,
as nuk ka një tjetër Hanë dënesëse, si ajo;
është një dhe e vetmja...

GIULIANO DA EMPOLI

Pushteti i Ksenias[*]

Nuk më kujtohet se si u takova për herë të parë me planetin Ksenia. Prindërit e saj qenë dy hipi; ka pasur edhe këtu te ne, duhet ta dini. Nëna e saj vinte nga Estonia. Atje arrinin të shihnin televizionin finlandez - moda hynte më shpejt. E ëma qe njohur me një muzikant gjatë një koncerti në Smolensk e hop i kishin pëlqyer njëri-tjetrit dhe fill kishin ngjizur Ksenian. Vajzë e lindur nga dashuria – i kishin thënë së bijës. Pas kësaj qenë ndarë, secili rrugën e vet.

Ksenia u rrit duke ndjekur të ëmën nga një vend në tjetrin, duke bërë auto stop, nëpër organizime të mëdha flinin poshtë një flete çadre, që mbartnin gjithë kohës në shpinë, regjistrohej herë në një shkollë e herë në një tjetër, shpesh pa shkollë fare, gjithmonë nën shikimet qortuese të njerëzve me sens të përbashkët kundër armikut. Të vetmet çaste prehjeje qenë ato kur e ëma e linte te prindërit e saj, thjesht që të ishte më e lirë për të ndjekur idilet e veta. Ky lloj edukimi me shkëputje kishte bërë që Ksenia të shfaqte shkallë të lartë indiference, një sjellje prej nomadësh, dyshuese për çdo lloj shkeljeje. Në jetën e përditshme të jepte përshtypjen sikur rrëshqiste mbi akull, prej të cilit nxirrte herë pas here ndonjë shkëndijë të pakapshme prej vdekatarëve të zakonshëm. Përveçse nuk gjente prehje askund tjetër veçse në teprim, sjelljet më banale e bënin të dilte prej vetvetes. Shumë inteligjente, por po aq dembele për të ndjekur një proces logjik dhe në përgjithësi e pavëmendshme, i ndodhte që arrinte të hynte, falë një intuite të rrufeshme, në zemrën e ndonjë problemi, që i çarmatoste bashkëbiseduesit e saj. E në çaste të tjera e humbte fillin në një llogaritje, që edhe një fëmijë i moshës katërvjeçare mund ta bënte pa hezitim. Kishte aftësi të lexonte në sytë e cilitdo njeri gjithfarë që mund t'i kishte ndodhur,

---

[*] *Titull i redaksisë*

por ishte aq e përqendruar te vetja e vet, saqë harronte menjëherë e dukej sikur asgjë s'kishte parë. Nuk pranonte ta shihte jetën në formën e projekteve apo karrierës. Thoshte se, sapo burrat ia nisin të flasin për të ardhmen, bëhen automatikisht të mërzitshëm.

Ideale për të ishte ta kalonte pasditen në divan duke lexuar a fjetur. Por i ndodhte të shpërthente në një vorbull aktivitetesh të paarsyeshme. Atëherë organizonte festa të mëdha, ekspedita nëpër pyje, vinte në skenë pjesë teatri ose mësonte japonisht. Ia arrinte të gjithave, sepse kishte talent, por nuk e përdorte për aq kohë sa duhej.

Besoj se edhe po të jetoj një mijë vjet, s'do të takoja më dikë si ajo. Por kurrqysh s'mund të thuhet se ajo ma bënte jetën të lehtë. Sa herë ndaheshim, sado e shkurtër të ishte, duhej t'ia nisnim të gjithave nga e para. Ksenia zbulonte edhe dobësinë më të vogël te një shikim që ulej, te një shenjë djerse në ballë, një hezitim të padallueshëm të zërit e, si një tigreshë, hidhej për ta përlarë prenë e vet sapo vërente shenjën e parë të inferioritetit. Akoma i qeshnin sytë kur buza niste t'i dridhej prej tërbimit. Pastaj sytë e saj e ndryshonin ngjyrën. Nga gri që ishin, bëheshin gjithnjë e më të hapur, derisa bëheshin pothuajse të bardhë. Kjo ishte shenjë se një furtunë do derdhej mbi atë që i rrinte përballë. Atëherë duhej të kaloheshin në kontroll të imtë të gjitha ngjarjet e orës së fundit për të gjetur një shkak të mundshëm. Shumicën e kohës nuk gjendej, pasi kriza mund të ishte shkaktuar prej kushedi se çfarë gjëje, prej një përshtypjeje kalimtare, nga sjellja ndërmend e ndonjë gjëje që kishte ndodhur muaj përpara. Skenari ishte gjithmonë i njëjti: Ksenia, me bebet e syve vertikalisht, fillonte duke fyer kafshërisht, duke derdhur gjithë tërbimin e pafuqishëm që kishte mbledhur në vetvete që nga dita e lindjes. Se si i përgjigjeshe, s'kishte pikë rëndësie për të. Nëse do rrinit i qetë, dallgët e fyerjeve do vazhdonin të fryheshin, të ushqeheshin prej pasivitetit tuaj, si prova më e qartë e kapitullimit. Nëse do vepronit, do përpiqeshit të përgjigjeshit ose, në fund të fundit, do dilnit nga vetja, rezultati do ishte i njëjtë: Ksenia do përdorte përgjigjet tuaja si material për t'ju fyer e mallkuar nga e para. Pastaj, si shiu i verës, zemërimi i saj tretej e ajo s'ishte më në gjendje as të kujtonte se çfarë kishte ndodhur. Duke ju parë ashtu të zemëruar, do t'ju pyeste për arsyen. Nganjëherë, ajo dhuronte edhe një përqafim, të shtrëngonte me krahët e saj. Ndjente nevojën për pajtim. Një fëmijë i rrëzuar përtokë, që kurrë më dhe asgjë s'do t'i jepte siguri.

Forca e terrorit që përdorte Ksenia vinte prej paparashikueshmërisë. Si krejt diktatorët e mëdhenj të historisë, Ksenia e dinte instinktivisht që asgjë më e pashpirt e që distilon tmerr tek të nënshtruarit është një dënim i paparashikueshëm. Dënimi që mund të godasë pa e pritur fare, pa asnjë motiv, është i vetmi që ka aftësi të mbajë një gjendje tensioni të përhershme. Ata që kuptojnë se mjafton të ndjekësh një minimum rregullash për të qenë i qetë, e shndërrojnë këtë vetëdije dalëngadalë në ndjesi sigurie, gjë që mund të bëhet e rrezikshme, pasi mund t'i shtyjë ata drejt rebelimit. Përkundrazi, ai që mbahet në mënyrë të përhershme në pasiguri, është gjithnjë viktimë e panikut. Ideja për t'u revoltuar as që i shkon ndërmend, sepse është gjithë kohën i zënë për të shmangur goditjet e rrufeve që mund t'i zbrazen në krye pa asnjë paralajmërim.

Këtë pushtet ushtronte Ksenia mbi mua.

Shkëputur nga romani "Magjistari i Kremlinit"
Përktheu nga frëngjishtja: Arbër Ahmetaj

MARIO MELENDEZ

Poezi

*

Nuk gjendem, nuk jam,
nuk kam përkatësi.
Endem nga një anë në tjetrën
si krimb i madh i zi.
Edhe zemra ime ka morrat e vet.
Historia ime
është kolazh qensh pleq,
që nuk lehin nga frika se mos zhduken.
Fëmijëria
më ndjek me thikë,
më ndjek me shkop,
por pa më goditur.
Më ndjek me portrete e lule,
që i kacavirren hijes sime
duke e mbytur.
Ndoshta ende mendoj
se pemët rriten natën,
se pema këndon
më shumë se vetë zogu
dhe se zogu do të vriste
për të qenë pemë.
Jeta në mua, ndoshta,
është kockuar si një zhabë,
si zhabë që nuk kërcen, por zvarritet,
hungërin si qen i sfilitur,
teksa vdekja i lëpin sqetullat
dhe shpirtrat rruajnë pragun e frikës.
Vdekja më ndjek
me karrocën e vet të dorës mbi supe.
Zhvishet ngadalë që ta shoh

dhe më përshëndet herë pas here
duke bërtitur si plakë e zjarrtë.
Vdekja di shumë
dhe unë që i di marifetet e saj,
unë që ia njoh zërin,
unë që njoh, madje,
edhe të lehurën e saj,
unë që i ngjaj asaj
si binjak besnik dhe i dorëhequr,
edhe unë jam vdekja
dhe qysh tash e tutje
jam i përjetshëm.

*

Nëse nuk jeni i afërm i Perëndisë,
mos iu afroni këtyre pjesëve.
Parajsa është një thes me mace.
E pashë Zotin përmes pasqyrës së pasme,
ndërsa lamë tej një tunel të tejdukshëm.

Udhëtonim me shpejtësi kulmore
veshur për një gosti hiri.

Çdokush mbante maskë
dhe një gur të lidhur në qafë
për t'u hedhur në lumin më të parë.

U endëm gjithë natën nëpër një shkretëtirë të kripur
të tërbuar për tokën e premtuar.

Në sediljen e pasme, duke gogësitur,
muzat rrëfenin gjinjtë nga dritarja
si rrënoja arkeologjike.

Macet që kishim harruar në bagazh
kishin parathënë të ardhmen.

Askush nga ju s'do ta shohë agimin, thanë,
me një siguri që na rrëqethi.

Në pikën e fundit të karburantit blemë cigare
dhe ushqyem macet para se t'i linim pas.

Ato mjaullinin në anë të rrugës
kur ndezëm motorët tanë.

Hëna ishte një bishtalec hudhre
mbërthyer në xhamin e përparmë.

Yjet ishin si kangjella,
të përmallur për zemrat tona.

Me rrezet e para të diellit
filluam të davariteshim.

Macet kishin të drejtë, thashë,
duke copëtuar radion

teksa shikoja Sex Pistols
në pasqyrën e pasme.

*

Ajo i mori fjalët për një shëtitje
dhe fjalët kafshuan fëmijët
dhe fëmijët u thanë prindërve
dhe prindërit mbushën armët
dhe fjalët vajtuan, ulëritën,
ngadalë lëpinë plagët e tyre të verbëra
derisa ranë me fytyrë
mbi tokën e përgjakur
dhe atëherë erdhi vdekja
me veshjen më të mirë të së dielës

74

për të ndaluar në shtëpinë e poetit
dhe për ta thirrur me klithma të dëshpëruara
dhe poeti hapi derën
duke mos ditur se çfarë kishte ndodhur
dhe pa vdekjen të varur në hijen e vet,
që duke qarë, i tha:
"Eja me mua, sot jemi në zi"
"Kush vdiq", pyeti poeti
"Epo, ja, ti", u përgjigj vdekja
duke nderë krahët drejt tij
për t'i ofruar ngushëllime.

*

E pashë Kafkën në dhomën e lodrave.
Po ngiste një tren të pafund
mbi binarë që dukeshin si ngjala.
Nën shtrat një tjetër fëmijë i çarmatosur.
Një vemje fluoreshente.
Vemja kishte fytyrën e Kafkës,
gjithashtu orenditë, orët,
muret, kishin fytyrën e tij,
merimangat e mërzitshme në rrjetat e tyre,
lodrat në dhomë.
I vetmi që nuk kishte fytyrën e Kafkës
ishte vetë Kafka.
Fytyra e tij
ishte si fletë e bardhë.

*

E pashë Heraklitin në lumin e fëmijërisë së tij.
Sa herë lahem jam tjetër, tha ai.
Trupi më merr formën e nënës.
Merr formën e gjyshit të vdekur.
Formën e një zotërie të çuditshëm.
Edhe sa herë duhet të hyj në këtë lumë
për të rimarrë trupin tim.

Mandej shënoi në një bllok
datën e tjetërsimit të parë.
Por sapo u fut në ujë
pësoi shndërrime të pafundme
derisa u kthye në peshk.
Atë natë e hodhi bllokun në lumë
dhe u largua me rrymën,
i bindur se nuk do të ishte kurrë më i njëjti.

*

Pashë Merlin Monron
duke thithur hijen e vet.
Gjinjtë i kishte të trishtë
dhe këmisha e saj e natës
ishte këmishë force.
Mbi shpinë kishte bërë tatuazh një zbulesë:
"Zoti ishte edhe i dashuri im".

*

Në ditarin e jetës së vdekjes
kam shkarravitur nistoret e mia
me venat e prera.
Pashë markezin de Sade
hipur mbi një tramvaj të quajtur Dëshirë.
Kishte shumë mjegull atë natë
dhe Parisi ishte gosti
lakuriqësh nate të plagosur.
Zonjat e dhjamura të Boteros
shisnin veten nën kërcënim.
Do të shkruaj për ju, u tha.
Sperma që ruaj në kujtesë
do të jetë testamenti im.

*

Pashë truprojën e Zotit
të ngrinte dolli me Madamë Bovarinë

në një bar në Rue Morgue.
Ishte zbathur
dhe kishte një qen të lidhur me zemrën.
Në një tryezë tjetër
Zoti lexonte përshpirtjen e tij
në Librin e të Vdekurve.
Në atë grimëkohë
truproja s'po pinte shampanjë.
Por gratë këmbëzbathura
i donte ashtu si Zoti.

*

Oh, sikur të kishim diçka nga Rimbaud!
Sikur edhe vetëm një këmbë!
E pashë vdekjen
tek hynte në një hotel pa pasqyra.
Pashë edhe portierin duke mbyllur një derë në pafundësi.
Pashë Zotin të bënte brof nga krahu i Rimbaud.
Pashë vdekjen të hipte në tramvaj.
Pashë shkruar në holl: "Mbyllur për zi."
Pashë policinë që mbërriti.
Pashë fotografë.
Pashë një ambulancë të vjetër
duke marrë një kufomë.
Pashë në ambulancë portierin cullak.
I pashë qafën e prerë, pashë gjak.
Pashë sytë e tij si ata të një kau
në thertore.
Pashë emrin e tij shkruar në ballin e Zotit.
Emri i tij ishte Verlaine.

*

Pashë Zotin
të merrte lodrat e tim biri.
Ai s'ka fëmijëri
më tha vdekja në një ëndërr.

I groposi ato në një varr
përbri kockave të së ëmës.

*

Pashë Kësulëkuqen
të humbiste në pyll.
Ishte tridhjetë vjeç
dhe veshja e saj tepër e ngushtë.
Ujku dhe Gjyshja
po e prisnin atje tej.
Jam tepër e vjetër për këtë, mërmëriti nëpër dhëmbë.
S'më kujton më askush.
Bota është e egër dhe e çuditshme,
krejt si ky pyll ku do vdes.
Gjithë çfarë më ka mbetur
është një pelerinë e grisur
dhe shporta plot me kockat e Zotit.

Përktheu: Rielna Paja

Hamit Aliaj: larg
detit, larg mbretit

*Hamit ALIAJ (1954 – 2023) leu në Malësinë e Gjakovës (Tropojë)
dhe u diplomua në Universitetin e Tiranës, për gjuhë dhe letërsi shqipe.
Ka jetuar dhe punuar në Bajram Curr e në Tiranë.*

Është autor i përmbledhjeve poetike:
- N'Dardani bjen një tupan, 2021
- E hëna e përtejbotës, 2017
- 100 vjet e martë, 2005
- Mungon viti një, 1997
- Lotin nuk ta fal, 1991
- E ruaj një fjalë për ty, 1987
- Bjeshkët janë mbiemri im, 1974.

*Është autor i teksteve të dhjetëra këngëve popullore, që këndohen
anembanë hapësirave shqiptare. Më e njohura është "N'Dardani bjen
nji tupan", që i ka dhënë titullin përmbledhjes së botuar.*
*Është vlerësuar me disa çmime letrare kombëtare dhe me titullin
"Mjeshtër i Madh", nga Presidenti i Republikës së Shqipërisë.*
*Ka lënë edhe qindra poezi në dorëshkrim, të cilat pritet të botohen nën
kujdesin e familjes dhe të miqve.*

1.

Hamit Aliaj nuk u integrua dot në Tiranë. Erdhi vetëm fizikisht, i
shtrënguar nga një rrethanë familjare. Zemra i mbeti atje, në Bajram
Curr. Më saktë, në Kasaj. Dhe në Gjakovën e ëndërrt. Po të gjuaje
një gur nga oborri i tij në Kasaj, mund t'ia thyeje tjegullat dikujt në
rrethinë të Gjakovës. E megjithatë, për afër pesëdhjetë vjet, vetëm

zogjtë e kishin kapërcyer atë kufi zemërshkrumbues. Në vetëm tri vargje, në një hajk të vetëm, përmblidhet brenga, që bluan shtat e shpirt.

Një varr prerë nga kufiri
I shtrirë në dy shtete
S'm'u nda në jetë të jetëve

Duke u larguar, shkroi poezinë "Porosi në ikje", një lloj testamenti poetik, që po e përfshijmë në ciklin që shoqëron këto shënime.

Përveç do miqve të kursyer në numër, Tirana e priti e akullt. Thuajse mospërfillëse ndaj dhimbjes së tij. Ndaj talentit të tij. Pas do vjetësh, kur vajza ishte bërë mirë, mezi priste me u dukë sa grima syri i pranverës dhe të mësynte andej kah kish ardhur. Itaka e tij qenë Kasajt dhe Gjakova.

"Poeti Një u afrua, fytyrëdejun. Dimëronte në kryeqytet. Sa lulonin mollët, dilte tek unaza e madhe dhe i nxirrte dorën makinës së parë, që shkonte drejt vendlindjes. Me një çantë të rrjepur në sup, mbushur ding me duhan, kthehej në fshatin e fëminisë. Në Itakën e tij. Te pragu e priste qeni i moçëm, duke tundur bishtin. Pinte ujë në gjunjë te gurra në strehë të borës. Zhdukej nëpër trungje, si bubrrecat bythëpërpjetë. Humbte nëpër hije, si bubaç. As laps, as letër me vete. Poezitë i shkruante në telefon dhe ua niste botuesve me whatsapp".

Ky është fragment nga tregimi im "Dridhtoka", i pabotuar ende. Poeti Një aty është personazh artistik. I krijuar mbi një gjedhe, mbi një model. Gjedhja e ka emrin Hamit Aliaj.

Ishte shëndeti i së bijës, arsyeja që u zhvendos ngutshëm në Tiranë. Duhej me qenë pranë mjekëve më të kualifikuar. Pranë spitaleve më të mira të mundshme.

Nuk kishte qenë gati për këtë zhvendosje. Pa një përgatitje, kryeqyteti të mbyt. Pa banesë e pa pare ta dan frymën. Ku me banue në Tiranë, ku me e shti kryet? Fillimisht nëpër të afërm. Të afërmit, nga fisi i Hyqmetes, së shoqes, ishin shtrenjtë për vete, ngushtë, por ia çelën derën krah në krah. Ani pse vetë i pestë. Më pas, duke ndërruar dy-tri banesa me qira në lagjet e rrethinës, se ato afër qendrës nuk bëhej fjalë, nuk i hante dot. Banesa të porsandërtuara nga qytetarë që po mundoheshin me u mëkëmbë, të zhvendosur edhe ata. Të ngushta, të papërfunduara, u vinte era beton. Dyer e dritare të paputhitura. Nëpër të çarat e birat e pambyllura frynte veriu me fishkëllimë. Tre fëmijët në moshë shkollore. Dhe shëndeti i vajzës, shëndeti i vajzës! E shoqja u punësua si laborante në një klinikë mjekësore. Ai herë me punë, herë pa punë.

Tirana e pas 1997-s ishte deprimuese, shkatërruese. Politika e kallashëve nuk mund të mbështeste një poet, që s'ka ndihmesa të tjera plotësuese për të. Me përjashtime të vogla, edhe qarqet letrare mbetën të ngushta, të trembura. Të lidhura me protokollet pushtetare e klanore. Këqyrin vetëm brenda rrethit të mbyllur dhe qokat i ruanin për ata që silleshin brenda atij rrethi.

Pranë iu gjendën miqtë, por miku s'i ka krahët e gjatë të institucioneve e nuk mund të zëvendësojë shtetin.

Vinte shpesh tek unë, orë e pa orë. Ia beh një ditë i vrarë, i zhgënjyer deri në asht. Qenë javët e para në Tiranë. Vajza kish filluar shkollën e mesme të gjuhëve të huaja në Shkodër; atje ia kishin caktuar e duhej urgjentisht të zhvendosej në shkollën homologe në Tiranë, ku mund të vazhdonte mjekimin. Çështje thjesht administrative, por duhej një vendim ministror. Burokracia akull e ftohtë, e pengonte. Kish një shok fakulteti, të afërm me ministrin që duhej të nënshkruante transferimin. I kërkoi me ia thanë një fjalë ministrit, njeriut të vet. Në lojë ishte jeta e fëmijës. Dhe? Hamiti ktheu me fund gotën e rakisë, thithi cigaren fort. "Më erdhi rrotull e rrotull", tha për shokun e fakultetit. "Rregullohet, më tha, por... Rrotull e rrotull për të dhënë pare!".

Kish nevojë me shfry. Nuk e mbante dot idhnimin, mërzinë.

I doli në rrugë edhe një mik tjetër i lig. E zuri ngushtë dhe iu qep. Nuk e di sa pinte në Bajram Curr, por në Tiranë pothuajse iu dorëzua gotës. "E ka nga tronditja për të bijën", e shfajësonim. Gjendja e shëndetit të saj në zgrip, tejet në zgrip. Herë-herë dukej sikur do fillonte jetë gjysmëbohemi. Rrallë shihej te Lidhja e Shkrimtarëve - ende ishte Lidhja, më saktë, hija e saj, ku mund të pije një kafe me miq të letrave. Parapëlqente vende e mjedise të tjera. Ulej në klubin e do djemve, në vend disi të mënjanuar, kish njohje me ta. Dhe pinte. Kur nuk ishte aty, mund të gjendej në do klube rrugicash, të ngushtë e të ndriçuar keq, ku nuk dëshiroje me e pa. Ndodhte me u kthye vonë në banesë. Rrugicat e Laprakës në terr. Një llampë po, katër a pesë jo. Ham-ham qentë e rrugës, tubë. Udhët me gropa, mbushur me ujë dimri. Ndonjëherë mezi e gjente derën e shtëpisë. Hyqmetja në merak të madh. Me i ushqye fëmijët, me i qetësue që të flenë, a me dalë me këqyrë ç'u bë Hamiti? Shumë e përkushtuar ajo grua. E durueshme deri ku s'thuhet.

Edhe duhan pinte shumë. Paketat njëra pas tjetrës. Dukej sikur njësia matëse nuk ishte cigarja. Ishte ajo, paketa.

Diku mbas vitit 2010 e la pijen. E la? Jo, nuk e la ai pijen. E la pija atë. Pas një krize të rëndë shëndetësore, kur jeta i shkoi në teh, përnjimend në zgrip, iu irit pija. Mullithi ia kthente mbrapsht, zgrofi dhe krejt qenia ia kthente mbrapsht. Nuk ia duronte as edhe një met, një hurb, një gllënjkë. As me i marrë erë gotës nuk donte. "Lere edhe këtë të shkretë duhan", i thosha. "Nuk po e pi ti atë, po të pi ai ty".

"Po ja, e lashë pijen, nuk mundem të dyja. As trupit nuk i bën mirë me i ndërpre të dyja përnjëherësh".

"Hamit, lëri sofizmat. Me këtë dreq duhani po e çon veten në tehir (zgrip) të keq".

Ia thoshin edhe të tjerët, të shtëpisë, të afërmit. Qe një dashuri e dhunshme, sadiste, mes tij e cigares. Ky e donte pa kushte, i varur prej saj, ajo e dhunonte pa masë, e trajtonte si skllav. U përhap një lajm në kohë të kovidit (covid-19) dhe iu duk sikur gjeti një aleat me e mbrojtë këtë dashuri vrastare. Disa njoftime thoshin se, sipas një studimi, duhantarët i kap vështirë kovidi. Nikotina e grumbulluar në mushkëri e vret virusin ose krijon vështirësi mbijetese, nuk është habitat për të. Dhe ai iu gëzua një aleati të papritur, krejtësisht të pasigurt, që e mbështeste në flirtin shkatërrues me duhanin!

Ato kohë, i ngujuar në shtëpi, la mustaqe. Ma çoi fotografinë. "Mos i hiq", i thashë, "të shkojnë, dukesh bash uki i shpellës së borës". Me këtë fjalor mahiteshim ndërveti. Nuk i mbajti.

E kaloi kovidin në spital. Shëndeti vetëm po i rëndohej. Nuk dilte as në oborr; si me i zbritë pesë kate shkallë?

Gjithçka tek ai preku ky ligështim, përveç poezisë. Përveç shijes artistike. Poezinë e tij nuk e gërryente gjë. Duket sikur ajo këndellej në përpjesëtim të zhdrejtë me shëndetin. Shkruante, nuk e di kur e qysh shkruante. I hidhte vargjet drejtpërdrejt në telefon, në FB; telefonin e kish fletore, gazetë, bibliotekë, ku kërkonte e gjente diçka me lexue në internet. Mund të jenë dyqind-treqind poezi të ngujuara në profilin e tij në fejsbuk, mund të jenë edhe më shumë. I lutesha t'i nxirrte poezitë, të m'i niste që t'ia redaktoja e të bëheshin gati për botim. Nuk qe kundër në parim, por nuk u mor me atë punë. Tashti po merret e bija me to, Beskida, me shumë përkushtim e dashuri.

"Ishte shijues, i hidhte në rrugë ato që shkruante; kush të dojë le t'i mbledhë", thotë Arshi Pipa për Konicën. Në karakter e në gjithçka Hamiti ishte i kundërt me aristokratin par excellence Konica. Veç në një pikë duket se nuk qenë fort larg: në trajtimin e pjellës së vet artistike. Shkruaj dhe lëshoji në rrugë. As librat e tij të botuar nuk i ruante. Vështirë se i gjendej një kopje e tyre në shtëpi. Më kërkoi një herë përmbledhjen e vet poetike "100 vjet e martë". Ia fala librin e vet; kisha dy kopje. Kështu i kërkonte veprat e veta nëpër miq, sa herë i duheshin, e ua kthente sërish.

Shijues buzëhollë, i pakompromistë. Lexoi romanin e një autori, nga ata të protokollit zyrtar të të gjitha pushteteve, përherë i lavdëruar, i njohuri ynë i përbashkët. "Mediokër", më tha. "Kot që e bleva. Lexoje, po deshe, dhe mos ma kthe".

Kishim ndërtuar një marrëdhënie letrare të çuditshme, disi atipike. Këtë marrëdhënie s'e kam me tjetërkënd prej shokëve e miqve të letrave dhe rrallë ta zë syri tek të tjerë. Ia çonim shoqi-shoqit dorëshkrimet dhe nuk tregoheshim aspak delikatë në vlerësimet për to. Shndërroheshim në redaktorë e oponentë "mizorë", pa bërë kujdes për taktin. Dihet se shpirti i shkrimtarit, i artistit në përgjithësi, është shumë i ndjeshëm, plagoset lehtësisht. Mes nesh nuk ndodhte kjo. Nuk e di qysh kishim mbërri deri në këtë pikë. Gjithsesi, kjo mënyrë komunikimi na ndihmonte me i mbajtë lart shijet artistike dhe kërkesat ndaj vetes. Edhe kur pajtoheshim, edhe kur nuk pajtoheshim.

Nuk u integrua dot në Tiranë, thashë? Mbeti "provincial"?

Bash këtu spikat kontrasti i madh, tipari i rrallë i artit të tij:

provincial në dukje, universal në kumtet që përcjell me poezi.

Fundja ç'i duhet më shumë? Metropolin e ka aty, në veprat poetike. Me vargun e tij sfidon çdo provincializëm. Me kumtet gjithësore, që përcjell në poezi, pa pas nevojë me lypë e me marrë vizë në kryeqytet. Nuk i duhen fjalë zbukuruese prej atyre që qarkullojnë prej motesh si fotokopje: ishte mësues i mirë, ishte nëpunës i mirë, ishte familjar i mirë. Të tepërta, të panevojshme. Nuk i duhet një portret me fotoshop, nuk është vlerë e shtuar për të. I mjafton arti, vargu i mermertë. Është i fortifikuar në Poezinë e tij të papërsëritshme, të pacenueshme. Në lartësitë që e ngre ajo. Gjithçka tjetër që mund të thuhet me tepri jashtë poezisë, është ujë. Ai vetë nuk e donte këtë ujë. Paralajmëroi:

"Nxirreni prej meje heroin
Pas vdekjes s'e dua prej statuje…"
Dhe më i drejtpërdrejtë:
Ruajna Zot
Prej dashurisë së vonuar
Që na jepet pas vdekjes!

2.

Në vitin e mbrapshtë 1997 botoi librin "Mungon viti një". Në mos gabohem, i katërti, pas përmbledhjeve "Bjeshkët janë mbiemri im", "E ruaj një fjalë për ty" dhe "Lotin nuk ta fal". Shkrova për të te gazeta "Drita" e Lidhjes së Shkrimtarëve. Mendoj gjithnjë se "Mungon viti një" është ndër gurët e themelit të krijimtarisë së tij poetike. Është nga përmbledhjet më përfaqësuese. Ndaj është rasti me iu rikthye shënimeve të atëhershme për të.

Të dy vijnë e shkojnë si qenie të padukshme, si hije: ai dhe poezia e tij. Në qoftë dimër, ai vjen me pardesy të ngrënë, gabardinë. Verës me këmishë të çngjyruar. Duket si eremit ose murg i arratisur prej romaneve të Umberto Ekos. Në rastin më të mirë, si rob i orëve a i ngrafisur i zanave, që ka mundur të shpëtojë nëpërmjet pikturave të Nazmi Hoxhës. Në këtë kohë të vështirë, kur cilido që ka një grusht pare ose kryen një shërbim të caktuar, mund të botojë libra e të shpallet Poet, ai shfaqet jo për me gjetë botues, as recensentë.

Ai kërkon diçka tjetër, që e di se nuk mund të gjendet kurrë dhe

prapë ngul këmbë. Kërkon Vitin Një. Bën rrush e kumbulla dy lekë
që ka kursyer prej pagës së mësuesit dhe mblidhet sërish, kutullaç,
si gjarpër-orë, që nuk ndihet, në malet e veta, për të cilat thjesht
kallëzon se janë "të shkreta e të harruara".

Harresa i përket tjetërkujt, Poetit ndoshta jo. Atje ku Valbona
përbiron nëpër gjashtë muaj borë e gazetat (lumturisht!) mbërrijnë
të nesërmen, ai përpunon kumte sigurie:

Unë gjallë jam
Gjallë, larg detit e mbretit. Lëvduar qofshin
Largësitë,
Gjallë, i dashuri im, mes burrash prej guri
mes burrash prej bore...

Larg mjediseve krijuese e kontakteve të drejtpërdrejta me artin e
kohës, larg diskutimeve e thjesht larg kafeve me kolegët, është një
kundërprivilegj i dhimbshëm për një njeri të botës së letrave. Nuk
mund të besosh se atje ai ndihet i lumtur. Por edhe i mjerë jo. Sepse:

Këtu qentë lehin pa urdhër
Dhe zogjtë këndojnë pa pagesë
Këtu gjethja pa leje çel
Bora bie pa paralajmëruar...
Lisat nuk trembën nga fantazma e karriges...

Që atje kërkon Vitin Një. Viti Një (Hamit Aliaj, "Mungon viti
një", poezi, Albin 1997) u mungon shqiptarëve, sepse dëshmitarë
të fillesës së tyre nuk mund të gjinden. Ata ishin të parët aty ku janë.

Frymëmarrja e poezisë së tij është në përpjesëtim të zhdrejtë me
hapësirën e ngushtë ku rronte e shkruante. Kjo nuk ndodh shpesh.

Qysh në titull guxon me e nisë lojën e pamëshirshme me disa
kategori të përjetshme të filozofisë, duke paralajmëruar se nuk është
figurë e shkathët e marketingut letrar të ditës, e aq më pak aventurier
i rëndomtë dyluftimesh për fustane çmimesh të keqpërdorura. Sa
për honorarët e ndonjë (pseudo)disidence, aq të pranishme në
borderotë e sotme të politikës, as që mund të mendohet.

E nis, më së pari, me Kohën.

Brenda një vargu e gjysmë kumton se Koha mund të jetë një
ankth sa dhe një liri pa fund. Një përgjumje e kotë mijëvjeçare ose
një dendësi prej vrime të zezë:

...universi në alarm,
A thua në cilën minutë është fati i botës?

Poetikisht, në mënyrë të vetvetishme, ka mbërri te përcaktimi i Cvajkut për "orët yjore të njerëzimit", për ato imta "kaq dramatikisht të tendosura e kaq të pazakonta", që përcaktojnë fatin e qindra brezave, të njerëzve të veçantë, të një populli të tërë ose të mbarë rruzullimit.

I kthen mbarë e mbrapsht "orët e ndaluara" dhe vë re se, ndryshe prej dogmave të fizikës, Koha nuk ka vetëm një drejtim.

Na ish e rrezikshme gjithçka: bije në gjumë
E mund të zgjoheshe pas 99 vjetësh
Në shekullin e ardhshëm, ndoshta në shekullin e shkuar
Se orët ishin ndalur e koha s'dihej a ecte para a së prapthi...

Pasi shuhet "syri i Shivës", me urdhër të zotave, të cilët deklaruan se "me tre sy mund të jemi vetëm ne", thika pas shpine mbeti pa dëshmitarë.

Dhe koha mbeti pa dje
Katër pikat e horizontit u bënë tri
Tri përmasat e kohës u bënë dy.

Heton se si i zbresin vitet e kalendarëve 37, 36, 35,... 20, dhe zgjohet me ëndrrën e frikshme mos bëhet fëmijë, 10 vjeç.

Flet për "Ditën e Tetë të Botës", një përmasë që e pranon me bindje vetëm arti, dhe kjo përmasë shtrihet "Përtej Mallkimit" të fisit tonë. Besëtytni, shpresë apo besim? Ndërsa vetë "vdes e rilind brenda një nate", manipulon me statujat, me Akilin, me Odisenë, me urtakët e moçëm e me burrat e burrecët e sotëm e me "qerren e shtetit", me kujtesën e viteve që s'kanë ardhur, të cilën e uron "shpëtoftë".

Koha për të është njëherësh edhe e pazëvendësueshme edhe e parëndësishme. "Kjo ditë, që ikën, nesër vjen".

Ndërsa hyn e del marrëzisht labirinteve të Kohës, gati symshelë, me të njëjtën shtysë e lëshon vargun hapësirave të planetit e të Gjithësisë. Dhe është një varg që rrjedh lirshëm. I papërsosur, por edhe i pakërkuar, burues. As për Hapësirën nuk njeh kufi. I vetmi kufi para të cilit ndalet është Guri i Shpuem, "piramida" e kufirit të moçëm shqiptaro-serb. Kur po rrëmihte te ky Gur për me qitë një bunar, "në pashin e shtatë shpërtheu gjaku". Kosova është gjithkund në poezinë e tij. Shumëfish e pranishme. Si subjekt, me epikën e saj. Si shpirt, si shije poetike, si ndjesi, si stil. Është lerë në të njëjtin mjedis artistik, është përkundur me të njëjtat këngë gjaku e me të njëjtat kangë të gryta, është rritur në të njëjtat hije bjeshke. Dhe ka thithur të njëjtin ajër. Emri historik i Tropojës është Malsia e Gjakovës, Tropojë është pagëzuar vonë, nga regjimi komunist. Pse nuk u quajt rrethi i Gjakovës, me Gjakovën qytet të ndarë matanë kufirit, siç u quajt rrethi i Dibrës, me Dibrën qytet të ndarë matanë kufirit? Diku lart mendonin se duhet të harrohet Gjakova, Gjakova nuk duhet të përmendet kurrë. U gjet emri i një fshati të quajtur Tropojë, që kish shërbyer si qendër e vockël, me e mbulue me të Malsinë historike të Gjakovës. E vogël kjo kapele për të. Por s'e pyeti kush.

Në krizën e thellë të identitetit që po kalonte shoqëria shqiptare, kur një pikë nacionalizëm qytetar barazohet me një mal herezi, përkushtimi tërësor për Kosovën për shumëkënd mund të vlerësohej demode. Në mos edhe i rrezikshëm.

Këtë Hamiti e ndiente dhe e pranonte me qetësi: "Ka kohë që mungoj". I vetëdijshëm për misionin e Poetit, për misionin e Njeriut, është gjakftohtë përballë paradokseve tragjike:

Në qytetin e Albanopolit më tregojnë me gisht
Se s'i njoh filozofët e njohur të qytetit:
Shën Miun që parandien tërmetet, Burrec Bubrrecin...
Në Sheshin e Lakut jam dehur kaq herë kur askush
nuk dehej. E më kanë treguar me gisht
Më vonë janë dehur të gjithë e prapë me gisht më kanë treguar
Se s'jam dehur atë ditë dehjeje...

Lëviz nëpër kopshtin e vet në katundin e vogël Kasaj, nëpër Ballkan e nëpër kryeqytetet europiane e më tej, duke i çmitizuar idhujt e duke i rrëzuar mitet.

Nuk shkohet kjo natë kurrsesi në Gjenevë...
Unë jam mendjemadh, s'pi dot kafe me gjithkushin...
Jam dashnor ujkonjash gjakkaltra
Po aty kumton se:
Do të ketë stinë zhvarrimesh në Europë

(Bëni gati mishin për skeletet e vdekura!)
Bi-Bi-Si thotë se u gjet Adolf Hitleri
Ishte bërë krimb në mollën që hëngri Madona
Nuk çuditet kurrnjëfije kur dëgjon se "AFP flet për dy shqiptarë klandestinë":
Sokole Halili u kap në lagjen e kurvave Pigal
Në vend të Tanushës po rrëmbente një prostitutë
Gjergj Elez Alia tregtonte heroinë...
Endet e ndihet (mbi)europian.
Do të bëjmë dashuri kësaj nate, pa shtrojë e mbulojë,
Hiqe nga muret hartën e Europës, të ta shtroj përfundi,
Zhvishu si hëna, krejt, se të virgjëra mbeten vetëm statujat
Dhe nxirrma trupin e bardhë, t'i sfidoj dogmat, lugetërit, partitë
Mbi hartën e Europës shtrijmu, le të cijatin maniakët,
Të kërcasin brinjëve të tua metropolet, të thyhen kufijtë,
Të shembet Muri, Aushvici, Burreli
Nën kofshët e tua të bardha të vlojë Mesdheu, anijet le të digjen
Kokën mbështete në Akullnajat, le të shkrihen akullnajat...
Ndihet dinjitoz sipër Kontinentit të Vjetër, çakërqef, ndoshta edhe pak karagjoz, sfidues (me këtë natyrë të poezisë takohet e njatjetohet herë pas here me Ali Podrimen, por mbase jo aq agresiv sa ai). Shqiptar në fund të fundit.

Shkaqet e këtij qëndrimi, megjithatë janë konkrete e të ndërthurura. Dashuria deri në ëndërr e shqiptarit për Europën, që e "ka pasur dikur" (a nuk jemi bashkëthemelues të qytetërimit europian, në djepin e tij ballkano-mesdhetar?), e pritur prej saj më pas, përgjatë historisë, herë me hjeksi të rënda mbas shpine, e në rastin më të mirë me ftohtësi, nxit, siç ka thënë diku Kadareja, dëshirën për ta zotëruar duke e përdhunuar.

Apo sepse vetë poeti ndihet më dinjitoz, në vetminë e tij të pakorruptueshme, ku është i pranishëm monologu? Se dialogu atje mund të bëhet vetëm me partnerë abstraktë, mbasi, për shkak të lartësisë, edhe ajri edhe njerëzit, ndonëse fort të pastër, janë mjerisht të rrallë. Kësisoj, si dervish bjeshkësh, gjykon gjakftohtësisht për "shtetet gra", që thjesht "lidhin magjitë e këndojnë lutje të vjetra".

Nuk përjashtohet edhe një arsye e tretë, gjithsesi më në hije: ndjenja e inferioritetit e shqiptarëve përballë Europës së sotme, marramendëse me qytetërimin e saj, një ndjenjë e shndërruar nëpër kohë deri në kompleks. Dhe alibia më e besueshme e këtij kompleksi shprehet nëpërmjet ekspozimit të madhështisë, deri në delir.

Secila prej këtyre mund të jetë e vërtetë ose brenda secilës ka pjesë të së vërtetës.

Koha dhe hapësira nuk i interesojnë në format e kulluara filozofike. Ato, si figurina plasteline, formohen e shformohen nëpër gishtat e Njeriut, modelohen prej tij. Dhe vetë Njeriu ndihet ngushtë, i paplotë, në gishtat e Poetit, i cili paralajmëron:

Krijimi i njeriut s'ka mbaruar ende,
Përderisa bëjmë njerëz prej guri, prej druri, prej balte!

Duke kërkuar Vitin Një, Hamit Aliaj i çel hapësirat e poezisë si për të gjallët, ashtu edhe për të vdekurit, pa bërë dallim. Me një logjikë që disi të kujton eremitin plak të Zarathustrës, që u jep bukë njësoj të dyve, të gjallit e të vdekurit, duke deklaruar i ngrysur se nuk intereson se njëri merr frymë e tjetri ka ndërruar jetë: "Ai që më troket në derë duhet ta pranojë atë që i ofroj. Hani (të dy), ju bëftë mirë".

Tragjedia e Njeriut nuk klith, por ther në gjoks. Një ndishk që rreh paiada.

Në libër s'ka një kufi të qartë midis njeriut e njeriut-zot e mit e kafshë e përbindësh. Në pohimin artistikisht të dyzimit të zi të njeriut nuk ka pikë urrejtjeje për racën njerëzore, ashpërsi po, herë-herë. Rrethanat e kanë çngjizur të shkretin njeri, e kanë shpërbërë (apo kësisoj ka qenë, apo pjesërisht ka qenë e pjesërisht është bërë?) dhe ec e gjeje kush është përgjegjës për këtë.

Unë kam qeshur e Ti brenda meje qaje,
Ti ke bërë dasmë e Ai brenda teje vdiste,
Ai ka qenë në pranga, gjysmën e vet e ka pasur gardian!

Quaje si të duash shkaktarin: në daç dhunë diktatoriale e luftë klasash (pa dyshim, kur flitet për shqiptarët), në daç cen njerëzor a mungesë karakteri, ose thjesht mallkim, ose merri gjerë të tria së bashku:

Nis e sos mbi jetë një Mos
Kur fola, u shitova, më thanë "Mos!"
Kur heshta, gjë s'u deshta, më thanë "Mos!"
Jam njeri, njeri-Liri thashë, më thanë "Mos!"
Pra jam ujk mali, natë janari, më thanë "Mos!"
Për një kec zotat i shes, më thanë "Mos!"
Në dashuri lind perëndi, më thanë "Mos!"
Jam e s'jam, kam e s'kam, më thanë "Mos!"
O të pakohë, o të pakokë, as në qiell, as në tokë!

Therës e ndoshta pak cinik, ndër rastet shumë të rralla, për të mos thënë në të vetmin rast, i dhemb keq kur e qorton Odiseun jo për Kalin e Trojës, por për "gabimin fatal" që bëri me Circen e bukur, duke e detyruar që shokët e tij, luftëtarët e bërë derra, t'i shndërronte në njerëz. E tani "ec e gjeje në njerëz derrin, ujkun, qenin!..."

R. Qosja ka shkruar: "Hamit Aliaj është poet që do ta nderonte çdo letërsi europiane". Duke iu referuar një libri të mëparshëm të Hamitit, "Lotin nuk ta fal", ai ka shprehur keqardhjen: "Sa shumë jam vonuar të pasurohem: me një pasuri të madhe idesh, mendimesh, ndjenjash, me një pasuri të madhe shpirtërore".

Më e pakta që mund të thuhet për librin e fundit është se ai përbën një shkallë më të lartë në raport me vetveten, me të gjitha botimet e tij të mëparshme, që edhe ato janë të kursyera.

Siç shkruan vetë, krijimi i njeriut nuk ka mbaruar, pra as krijimi i poetit te Hamit Aliaj. Balta e formimit të tij është në ngjizje. Linjat janë të qarta, por kjo baltë është ende e lagët. Mos e lini me u tha, me u zhgalitë e me ra!

E gëzon, por edhe e shqetëson gufimi i hovshëm, i pakontrolluar, pra i shpërdorur, i Lirisë. Me lirinë nuk merret në rrafsh të ftohtë, filozofik, nuk e sheh atë me akademizëm të ngrirë. As si ëndërr, as si grishje me thurë himne. E sheh ashtu siç është në realitetin shqiptar, me shkapërderdhjen e shfrenuar të saj.

Hapësirat u bënë të mëdha,
Krejt të vogla pushtetet
(Kur rriten hapësirat, pushtetet zvogëlohen),
Ç'të bëjmë me lirinë e tepërt,

Me gjithë këtë dritë, ç'të bëjmë?!

Haveli e ka krahasuar diku "teprinë" e beftë të lirisë së popujve të sapodalë nga diktaturat, me gjendjen e një ish-të burgosuri, që sapo ka lënë prangat e nuk di ç'të bëjë me këtë liri, i duhet kohë me e mbledhë veten, me iu përshtatë kushteve të reja.

3.

Për do vjet u duk se kishte humbur. I vinte jehona e zërit si prej pusi, nuk shihej. Paska qenë rremendje (iluzion). Qe ku ia beh. Duke e rizbuluar veten në tjetër trajtë. Nëpërmjet haikut (Hamit Aliaj, E hëna e përtejbotës, Tiranë, 2017). Ose, siç shkruan në ballinën e brendshme të librit, "Shkurtëza, Urtëza, Bubrrime, Pipëlime, Hajke a si të doni ua vini emrin…".

E njohur për kumtet kombëtare e gjithnjerëzore, poezia e tij është e lidhur fort me dejtë e vendlindjes. Me epikën si gjamë burrash, me lirikën si krah blete që dridhet nëpër lule. Do të përshtatet në këtë atdhe të ri poetik?

Duket se poeti më fort përshtat, se përshtatet. Hajkun e mëson me këndue shqip. Shpesh popuj e kultura, që duken aq të largët ndërveti, gjejnë pakujtimas pika të thella takimi. Në mendim, në etikë, në estetikë. A nuk gjen pika të tilla takimi mes botës së traditës shqiptare dhe botës së traditës japoneze dijetari Kazuhiko Yamamoto? Libri i tij "Struktura etike e Kanunit dhe nënkuptimet e saj kulturore", i përkthyer edhe në shqip, është befasues.

Shtëpia e haikut është kutizë e rreptë, ka vend vetëm për tri vargje. Mes tri vargjeve shkrep një vetëtimë. Një prerje plot nerv e mendimeve dhe shëmbëllesave (imazheve). Me pikëpyetje filozofike e morale, që rrinë varur. Ndaj haiku rrezikohet veçanërisht prej thatësirës. Prej fantazmës së atyre që quhen vargje të ftohta, cerebrale (zonja Poezi u përket krijesave me gjak të valë). Përballë haikut, hapësira poetike e katër vargjeve të rubaisë duket luks.

Po te kjo përmbledhje e Hamitit?

Janë 365 poezi haik. Aq ditë ka motmoti. Rastësi?

Qysh te ky numër jepet një shenjë. Autori ka sërish punë me Kohën, ka pasur edhe në librat e mëparshëm. Do me i shti brinat prapë me të. Për të vijuar me disa kategori të tjera të përjetshme si Jeta, Vdekja, Dashuria, Gruaja… Duke e naltësuar dhe duke e çmitizuar Kohën. Çmitizimi është çlirim.

Kohë, mos u mba në të madh, je relative, i thotë.

Ç'kohë mat ora
Në dorën
E të vdekurit?

Je e brishtë, e prekshme prej sindromave njerëzore.

U lajthit koha
Pyet kalimtarët:
Si e kam emrin?

Megjithatë, misteri i madh Kohë mbetet. Në trajtë mëdyshjesh dramatike. Ç'do të na dalë përpara nesër?

Fytyra jonë është e djeshmja
Sytë, e sotmja
Çfarë bote shohin?

E josh filozofia, lëvizja, përmasat e lëndës (a nuk thonë koha nuk është tjetër veçse shndërrim i lëndës?). E joshin paradokset e botës, provokohet prej tyre.

Sikur bota të ish e panatë
Tirane e egër do të bëhej
Drita!

Brenda kësaj Kohe, është natyra. Mali, lumi, lulja, qielli, dielli, reja, ura, zogu, qyqja që qyqon. Brenda kësaj natyre, disa kategori të përjetshme.

Nëpër këtë natyrë lëviz Njeriu. Rruzullimi i tij me përmasa sa vetë gjithësia. Dashurinë njerëzore për nënën nuk mund ta zënë qiejt. Hiperbola përvijohet si lojë fjalësh dhe lëshohet fluturim në hapësirë.

Veç Zoti nuk ka nënë
O Zot
Mos më bëj Zot!

Nëpër këtë natyrë lëviz edhe përbindëshi që ka njeriu përbrenda. Përbindëshi a qoftëlargu? Vetë qenia njerëzore është dyzim i madh. Është vetja dhe kundërvetja, engjëlli dhe djalli.

Zot i gjithbotshëm, nga ti s'kam frikë
U trembem atyre

Që duan të bëhen TI!

Përballë njeriut të dyzuar stepen ata që nuk dinë me u stepë, se zotërojnë gjithçka. Ata që njeriun e kanë si bubrrec, bash ata i druhen atij. I rrinë larg, larg.

Perënditë tuten
Me zbritë nga qiejt:
Toka i bën njerëz!

Nëpër këtë natyrë lëviz Njeriu që vdes për lirinë dhe po ai që lirinë e ha thela-thela, si pjepër.

Barngrënësit janë të pagjykueshëm
Për mishngrënësit ka zgjidhje
Liringrënësit janë çështja!

Diku duket sikur i ul tonet. Përnjëmend? Përshtypje e rreme, vetëm i ndryshon. Ndihet gazi i idhët ndaj shoqërisë njerëzore. Ironia e akullt, deri në cinizëm:

U bëra i dashur për të gjithë
Si një
I vdekur!

Pikëpyetja e pamëshirshme mbetet. Ashtu si kërkimi drejt përsosmërisë së njeriut. Në një udhëtim sizifian, pa mbërrimje (përsosmëria, në qoftë diku, është vetëm në qiell).

Shkela shumë dhera, qiej e dete
Ende nuk mbërrina
Te vetvetja

Endet me vdekjen, miqësor me të. Ia njeh pushtetin absolut, që ua shti merën tërë të gjallëve. Vdekja është e drejtë, gjithsesi. Nuk njeh hierarki, nuk mban me hatër, mbret e lypës i ka njësoj. Kjo cilësi i jep përmasë hyjnore.

Kurorat dhe fronet dridhen
Nga perandori i nëndheut
Krimbi!

Herë-herë vdekja peshon më rëndë si hije. Fundja hije është ajo, e panjohshme në thelb (nuk e tha greku i lashtë? Kur jam unë, nuk është vdekja, kur është vdekja, nuk jam unë!). Rëndon me pjellën e tjetërsuar, që endet në jetë. Tharmin e vet e shpërndan te të gjallët. I trazon e i pështjellon me fëmijët kundërthënës.

Vdekja lind veç dy fëmijë:
Fantazmat dhe statujat
Të dyja botën pa gjumë e lënë

Aq sa ia njeh vdekjes monopolin e të gjithëpushtetshmit - qysh mos me ia njohë? - po aq e zhvesh prej tij. Nuk i përulet, e çmitizon. Ti vdekje nuk je mbarimi. Gjithçka është në lëvizje, në lindje prapë.

Çdo vdekje a jetë
Veç shtatë ditë jeton
Të hënën lind e hëna

"Historia nuk është veçse një rifillim i përjetshëm", thoshte Konica.

E këqyr me shpërfillje vdekjen. Duket sikur e mban para duarsh, si foshnjën në lulak, gati me e vu në gjumë në djep.

Po të mos ish njeriu
Vdekje
S'do të kish kurrë

Pak me thanë e shpërfill. E shpotit ftohtësisht, si dikë të barabartë. Guximi dhe dendësia artistik e një tubëze për të është drithëruese.

Vdekja është dashnore e pabesë
Tri herë më erdhi e s'i dola në takim
Tashti shkon me të tjerë, përditë!

Përballë vdekjes veton dashuria, një tjetër përmasë hyjnore e botës tokësore. Idil? E kundërta. Më e thellë se gjithçka. Në botë as në përtejbotë s'ka hapësirë të mjaftueshme për të:

Kur vdekja vjen një ditë
Trupat në dhé e shpirtrat shkojnë në qiell
Ku shkojnë dashuritë?

Në thelb të dashurisë është gruaja. Në kufij perëndeshe. Tek ajo është zanafilla. "Origjina e botës", po të huajmë zërin e kryeveprës (aq të diskutuar) të Kurbesë, që shiton sapo shkel në muzeun e artit në Ke d'Orsej. Mbase asnjë artist nuk thotë gjë të re për dashurinë, s'ka më vend për zbulim. Por ka gjithmonë vend me thanë artistikisht në mënyrë të re.

Çdo zjarr i shuar kthehet në hi
Zjarret që shuan gruaja
Bëhen njeri!

Te bukuria e gruas shkrihet lirizmi i tejdukshëm verior me sublimen e Zotit.

Edhe Zoti qan, dy lot ia di
Njëri lot Valbona
Tjetri je ti.

Nëpër këtë dëlirësi avullon dhe prapë breron një shpirt i butë, deri në brishtësi.

E jotja jam, më the
Vetëm kur zbulove tek unë
Brenda burrit, fëmijën.

Vetëm bukuria e shpirtit dhe e shtatit? Cila më frikësuese, energjia e mendjes, apo e shtatit prej zane, që zanon? Ndoshta shkojnë të dyja krahas.

Po të ish një femër në darkën e 13-ve
Judën do të fuste në shishe
E s'do të kryqëzohej Krishti!

Dhe më tej:

Një ushtri shkrihet
Për të bërë një hero
Heroi përgjunjet përpara një gruaje!

Njerëzim, mos luaj me gruan. Te lisi i saj madhështor, rrënjëngulur, ti nxjerr dërrasat e djepit tënd. Në të njëjtin lis mund të dalin edhe dërrasat e varrit tënd.

Një grua përdhunohet në periferi
Roma dridhet në mitrën e saj
Nga Neroni që u ngjiz aty

Dhe prapë çmitizimi, papritmas. Dashuria e madhe e ka emrin grua. Brenda dashurive të mëdha edhe tradhtitë e mëdha.

Në natën e zhvirgjërimit
Nis rrena e madhe
E numrit një

E duam mitin, çmitizimin e duam, e dashkemi edhe rrenën?

Duke iu kthyer gruas në kundrojën e mëmësisë, poeti na kujton:

Gratë kanë
Atdhe tjetër
Tokën, ku bëhen nëna

Edhe poezia - arti në tërësi - është si gruaja. Atdheu i saj nuk mund të mbyllet aty ku klithi për herë të parë. Nuk i mjafton aq.

Me haikun, krijimtaria e Hamit Alisë rrit atdheun e vet artistik, mbase e shumëfishon? Guxon me shkelë nëpër do livadhe, ku zakonisht kullotin të mëdhenjtë.

Qytetar i botës

Jam qytetar i botës
Nuk njoh kufij hartash, racash, kulturash,
Adresa ime: Kulla e ngujimit,
Ballkan!

Qeni i çartun

Vrite qenin e çartun, Imzot
Se edhe qiellin po e msyn
E ka me na i hanger zotat!
Për qiell e për dhé!
Po s'le kanuni qenin me e vra,
Shoqata e qenve, nuk le!
E qeni i çartun msyni udhëtarin e parë,
Udhëtari i parë kafshoi udhëtarin e dytë,
I dyti të tretin, i treti...
Në mbrëmje gjithë katundi u çart e lehte si qen,
Iu turr deleve çartani i zi,
E delet e tërbuara lehnin si qen,
Lehnin krojet ku pinë ujë të çartunit,
Lehte dhia e Paria, huta e lahuta,
Të nesërmen ranë shkabat mbi gjahun e tyre,
Këlyshë të vegjël, lepuj, qingja e gjithçka gjetën
Po krejt ishin të trenta, të çartuna, nis e sos,
Shkonin qiellit me to, e qielli lehte,
Leh qielli, Imzot
Atë e ditë e sot!

Paqja

Ata vijnë me një korb të bardhë në sup,
Me një pëllumb të zi në supin tjetër
Paqja u arrit...

Akili

...

Sa i trishtueshëm je Akil, dhimbje e kohëve,
në pjesën njerëzore vetëm në thembër!

Gjithçka tjetër jotja është e pavdekshme, e pandjeshme,
buzët, sytë, zemra, gjoksi, ku mund të mbështetej një vajzë,

Shigjeta kthehet mbrapsht në ty, zjarri s'të djeg,
shiu s'të lag
Askund s'mund të të dalë gjak, të plaket, të dhembë
njeri me zemër në thembër.

Në thembër jeta, në thembër vdekja,
sa e zymtë, të qash me thembër, të dashurosh me thembër,
Të vdesësh me thembër.

...

Pavdekësinë dhe dashurinë e njerëzve deri në kohën tonë
I ke pikërisht nga ajo pjesë e jotja njerëzore,
ku të goditi shigjeta!

Kali i verbër

S'di kush e pat lënë në Ballkanin tonë atë kalë të verbër
a Odiseu pas luftës së Trojës

a Kaligula kalin e senatit romak,
a Don Kishoti, ky lot i popujve.

Kalorësin,
kalorësin e kalit të verbër
gati e ka çdo kohë.

Netët e Ballkanit s'mbetën pa një kalorës të përhënur
që e donte si vdekjen atë kalë të verbër,
kali kish humbur sytë, por jo dëgjimin,
i kërcente trupi kur dëgjonte tupana,
drejt e në kohë të ikur e çonte kalorësin e vet.

Nuk e di
kurrgjë nuk di ku pat shkuar ai kalë i verbër.
Thonë se prapë e kanë parë
e shalojnë shtete në Europë e gjetkë
shtete të afërta, shtete të largëta
të përhënurat shtete majë kalit pa sy,
hyjnë mesjetë, në antikitet, në pakohësi,
koha merr në thua te varri i Don Kishotit

Porosi në ikje

Shtëpinë e vjetër jua lashë
Veç një dritare mos ma mbyllni kurrë,
Se vjen ndonjë natë shpirti i babës
Edhe këqyr a ka hi në votër

Manin mos ma prisni, as qershinë,
Janë drurët më fisnikë të jetës:
Prej manit bëhet çiftelia,
Prej lëvores së qershisë, tezgjahu i saj
Kthehet ndonjë ditë një këngëtar i gjakut tim, bre!

Qenin s'kam ku e çoj në Qytetin e Madh
Është mësuar me ujqër, s'është kone bulevardesh,
Veç amanet: Lotin e tij
Mos ma leni të pikojë në prag.

Kur të më harroni, ai do të më njohë
Në u kthefsha ndonjëherë në Kasaj-Itakë…

Mjerim i bukur

I mjeri unë që tash të kam
E për ty më s'ëndërroj

Shkuan ditët e bukura, të bukura nga mungesa
Kur prisja natën të të shihja në ëndërr
Tash s'ndërtoj më plane, dredhi nuk ndërtoj
Që botën e çojnë tek kërkimi e ecja
Zgjas dorën të kap ëndrrën dhe, ah, medet
Trup të zhveshur femre, pa asnjë mister prek

I mjeri unë që tash të kam
E për ty më s'ëndërroj

Lotin nuk ta fal

Ma kërkoni qeshjen, jua fal menjëherë
shtëpinë, librat, fjalët mbi të cilat vuajta,
edhe thinjën që ia nxora kohës,
merrini. Janë tuajat.
Po lotin s'mund ta fal.

Në të gjitha gjërat e bukura të vajzave
lotin kam lakmuar
ta kem timin.

Unë lotin s'mund ta fal.

Edhe nëse qava tepër rrallë në jetë
me lotin shkuan gjëra
që s'kthehen më kurrë

Në pasurinë dhe gjenezën prej burri e njeriu
gjënë më të rrallë lotin e kam
jeni ju dhe gjërat e papërsëritshme në të, miq.

Atë s'mund ta fal as ta shes kurrsesi.

Natë planetare

Brirët e drenit të vrarë, venë mbi portën e shtëpive,
Vrasje është kjo, vrasje e të vetmit lot që i bie në besë njeriut,
Dhe një patkua kali ,në çdo kohë,
Hipokrizi e njeriut ndaj kafshës së mundimeve,
Dhëmbi i ujkut, medalion në qafën e vajzave,
Nga një vrasje e të uriturit të pyjeve vjen,
Dhe pak lëkurë gjarpri në portofol
Për t'u ruajtur nga syri i keq i njeriut,
(Portofolat të gjithë, me lëkurë kafshësh të vrara janë)
Një krah lakuriqi, me prekjen e të cilit
Bën për vete vajzën e ëndrrës,
Një mbytje e zogut të natës është,
E së fundi: lëkurë e dhisë mitike e bërë tupan
Nën ritmin e të cilit kërcen marrëzia
Gjithçka e pandryshueshme, si e shkuara:
Në lëkurë të tij e në portën e shtëpive,
Tatuazhe bën vrasjet dhe pamëshirshëm
Prej tyre kërkon mbrojtje nga frikërat e përjetshme,
Njeriu!

Kafshët e prera në besë

Prapë bëhen dorëzane dhe e marrin me ndore
Njeriun prej njeriut

Kjo lëkura ime
Natë planetare

Shenjti i urës pa lum

Shpëtimtari
Vrau kulshedrën që kish shterur ujërat
Dhe u solli lumin

Ditën e dytë të ardhjes së lumit,
Kush do na shpëtojë nga mbytja në lum?
Thërriste turma

Ditën e tretë, lumi i paemër
Shpëtimtarin e mbytur luhaste mbi dallgë
Dhe turma brohoriste ujqërisht
Në brigjet pa ura

Dikush u kujtua se duhej një urë,
Po ura don flijime,
Memecin endacak e flijuan në themel
Dhe shenjt e shpallën

Kush i kish fajet për vdekjet që erdhën:
Për mbytjen në lum, kurbanin e urës,
Sjellësi i lumit, a lumi vetë?!!

I lodhur nga akuzat, nga mosmirënjohja i lodhur,
Një natë lumi iku,
S'dihet se ku, po kurrë nuk u kthye

Ajo urë pa lum, natë për natë lshon gjamë,

Edhe pse shenjti i saj
Është i pagojë
Urë e pa-Lum,
Shenjtën të pagojë!
Të pagojët s'dëshmojnë dot për krimet...

Gratë e pushteteve

Vdekjet s'janë bërë për bukurinë e Helenës,
As për nderin e humbur të akenjve,
Dhjetë vjet, sa zgjati rrethimi i Trojës
Helena plakej në shtretërit e epshit trojan,
Ndërsa në çadrat e ushtrisë në fushëtirat rreth Trojës,
Epidemitë bënin kërdinë
Dhe burrat që luftonin për nderin e humbur
Agamemnoni, Akili e të tjerë,
I rrëmbenin njëri-tjetrit skllavet e çadra të epshit,
Ndoshta më të bukura se Helena.

Po Helena ish grua e Menelaut,
Dhe Menelau ish pushtetari i egër,
Jetët u dhanë për gruan e Menelaut:
Akili me vdekjen në thembër për këtë u vra,
(Çfarë dëmi homerik)!
Dhe Agamemnoni flijoi të bijën para nisjes për në Trojë,
(Për gruan e Menelaut),
Bash për këtë edhe Odiseu,
Pas njëzet vjetësh u kthye në Itakë
Dhe gjeti një plakë: gruan e vet Penelopë,
E rreth mureve të Trojës edhe sot
Tërhiqet zvarrë trupi i Hektorit të vrarë.

Dyqind lufta më vonë, Homeri shkroi Iliadën
Ku lexohen vdekjet e mëdha
E për këtë ia nxorën sytë.

XHEVAIR LLESHI

Ah, këto gjëndrat mbiveshkore!

Erni më pa në sy dhe, duke iu dridhur duart, filloi:

"Nëse do isha i sinqertë deri në fund, do mund të pohoja se jetën skëterrë e kam pasur në vitet e shkollës së mesme. Ishin ditët e fundit kur vendosa të shkoja për kontroll te mjeku specialist. Kisha një gjendje të turbullt dhe i papërqendruar. Të rruat matematika! T'u bekofshin mësimet! Hidhu nga Tabja ose nga Ura në lumë dhe mbytu më mirë! Është ai lumi që vërshon poshtë me një ngjyrë prej fantazie, që u vihet në bisht atyre që nuk vdesin kurrë. Pse paskej njerëz që nuk vdesin? Çudi! Kur të mungon kjo almise, që e bën burrin burrë, s'ka kufi, s'ka cak, është gjëja më e lemerishme, sidomos kur mbetesh fillikat me veten tënde dhe kupton mirëfilli si je projektuar për t'u tallur nga shokët, familja, të afërmit. S'JE BURRË! E ç'e do jetën? Edhe natyra punon me hile. Qose? Zot i madh! E pse më zgjodhi mua? Unë duhet të isha një pandehmë e përmbushur me intuitë mistike ndaj dhe copërat e qenies sime enden në hapësirë dhe, me siguri, humbin në humnerat e jetës. Po mbushja tetëmbëdhjetë vjeç. S'kisha qime në fytyrë! Shenja e dukshme e burrit... Mos?...

Dhe erdhi një çast kur gjithçka plasi në ajër. Tullumbacja e së vërtetës! Një gjilpërë e saj ta shpojë dhe ajo puf, pëlcet. Lajmet vetëtimthi shpërndahen. Ai s'ka almise! Të tjerët i gëzohen jetës, kurse ai, i mjeri, duhet t'i gëzohej atij vogëlushi që ka zënë myk i drobitur, i kotë, i fishkur dhe i padobishëm. Ia hapa tim ati të parit; të them të drejtën më tepër ma kërkoi ai kur më pyeti sesi i kisha hallet me të qenët burrë, nëse shihja në ëndërr ndonjë vajzë... Dhe më mori për dore, më futi në banjë dhe m'i futi duart te rrënjët e mia në mes të kofshëve. Ato, të kërthinjtat, të shkretat, mezi i kapte dora ime. Im atë nuk më tha gjë, por më mori në gjoks. Do pyes për to, më tha, por ia lexova mirë shprehjen e keqardhjes në sy. Një trishtim bezdisës pa kufi. Qenkej aq e rëndë? Thua? Sepse unë nuk ndieja asnjë nevojë! Thellë në veten time nuk më bënte fare përshtypje. Mirëpo im atë duhej ta dinte ku flinte lepuri, ku qe halli dhe ligështia e tmerrshme. I vura duart te verdhushi im dhe te rrënjët e padukshme. M'u ngrit mendja.

Megjithatë tjetrit i përket suksesi, mësohu me atë që gëzon ai, i huaji, s'ke ç'bën. Merre jetën si të vjen. Të thuash se isha mësuar me këto tallje dhe përqeshje ishte pak. Se shokët e mi e shikonin që unë nuk isha si ata, nuk është se s'më përkisnin almise fare, kisha, por në atë gjendje ato ishin kot, nuk i lipseshin as dreqit, askujt, mezi e gjeje të shkretin edhe për të bërë çiçin. Kurse ata qenë një botë e gëzuar, të hedhur, të plotësuar, m'i tregonin të tyret dhe qeshnin duke u gajasur, duke më dëftyer me gisht, sikur ta kisha unë fajin. Edhe pse isha mësuar që të bëja paqe me luftën dërrmuese që ma shpifte keq e më keq, s'ka pikë dyshimi se do të dilja sërish i humbur. Tetëmbëdhjetë vjeç! Tani ishte kulmi i rritjes kurse mua më kishte mbetur po ajo bibile. Im atë jo më kot qe trembur. Unë ia lexova mirë mendimet: tani ishte vonë për të korrigjuar diçka! Vërtet të ishte kështu? Këto ishin punë fati dhe jo dëshira. S'do qorri sy? Mendo, tek i dhembi tim ati, lëre! Mendimet ku nuk më fluturonin! As që e merrja me mend! Le të qenë për zogjtë që këndojnë ngushëllim, drurët që lulëzojnë! Por ti nuk do të lulëzosh kurrë! Ty të trembin vajzat o i mjerë, se ke dy kokrra fasuleje ose bajameje si lule. Thjesht ti je kot si mashkull! Ato zbulohen në fund kur vjen zhgënjimi dhe s'të ka mbetur asnjë mundësi tjetër! A? E tmerrshme! Duhet të ketë zgjidhje?...

Rrija-rrija dhe më buhiste mendja në një pikë. Më mirë të mos trazohesha fare, të mos e bëja qimen tra, se do isha njeri, pa forcën dhe mburrjen e burrit, i flashkët, i kredhur në mendime, le të mos më shpifeshin në ëndrra vajzat, le të ndihesha keq... Im atë më shihte i keqardhur, madje i tmerruar. Por edhe mua më kish mbetur një grusht me hi ëndrrash prej atyre që lumi u shkon poshtë humnerës së frikshme! Një fantazmagori e çmendur. Në nënvetëdijen time përpunoheshin dëshira dhe nevoja krejt të tjera. Mungonte ndonjë gjëndër? Ishte keq tiroidja? Mos kisha nevojë për farë mashkullore dhe nuk e dija? Naivisht i doja farërat, u merrja erë luleve, më

104

hidhnin edhe farë jargavani. Dëshirat përherë e më shumë nuk buronin nga nevoja themelore që ka një burrë. Ato, lulet, hallatet, e kishin në dorë jetën! Mos e patën lënë për më vonë? Apo duhej thjesht ta kontrolloje njëherë, diku te mjeku, veten dhe të gjendej burimi... Papritur e pa kujtuar u bëra trari i madh i problemeve në shtëpi. Tanimë duhet të mos nënshtrohesha në shkollë. M'u kujtua im atë kur më tha se prandaj s'kisha qime nën sqetulla! Prandaj më mungonte molla e Adamit! Një ditë mbase mbin edhe ajo! Do të mbijë një ditë krejt papritur edhe dëshira ime. Kini për ta parë. Ah, ky ka për të qenë ngushëllimi i fundit! Eh, hunda! Por as ajo nuk më bënte përshtypje. Ai, Llambroja, shoku i vjetër i klasës, sa një fasule e kishte hundën në mes të fytyrës, kurse mes shalëve - një kastriq të madh - të madh, saqë trembi gjithë komisionin e kontrollit ushtarak kur qemë gjashtëmbëdhjetëvjeçarë...

Iku dhe shkolla, iku dhe matura, ikën shokët dhe shoqet. Me ndonjë, kur e kur, takohesha dhe vëreja burrërimin e tyre të pashoq. Një mbrëmje vjen im atë dhe më merr mënjanë. E gjeta! Është një doktor në Spitalin Ushtarak në Tiranë. Do nisemi nesër. Bëj një banjë të mirë sonte dhe nesër nuk do vësh gjë në gojë. I kam prerë biletat e autobusit...

U drodha i gjithi. Të jetë e vërtetë? Po shkoja nëntëmbëdhjetë. Më rrofshin ato që zotëroja! Unë kisha mbetur kalama. Zëri i hollë. Fytyra qaramane, ta puthje trishtimin që më lexohej që atje tej - isha për të ardhur keq. Pikë gjallërie! Nuk më hynte në sy asgjë, nuk duroja dot asnjë tjetër të më afrohej, shikoja ëndrra të liga, pa femra, pa shoqet e mia, pa tharmin që vetvetiu e bën jetën të gëzueshme. Unë ende s'kisha në jetën time, ç'është më e bukur për njeriun... Rrudhat e gishtërinjve sikur më janë shtuar, më mungojnë të gjitha shenjat e burrit. Oh! Pale, edhe vështrimin e druajtur të nënës të kisha mbi kokë. Por, e dija, ajo nuk e jepte veten. Nëpër punët që bëj, syri i saj më ndjek pas, më përkëdhel. E gjeja gëzimin në lexime dhe në ato që ëndërroja me sy hapur...

Doktorin e gjetëm në dhomën e tij të vizitave. Nuk më pyeti për gjëra që do të më skuqnin. Ia bëri me sy tim ati që të largohej, të priste në holl. Më urdhëroi të zhvishesha krejt. M'i hapi këmbët dhe më preku ngadalë te vendi ku ndihesha keq e mos më keq. Atje ku janë rrënjët e një burri. Erdhi dhe infermierja e tij. Më mori gjak nga damari, më mori urinën, pështymën, më kontrolloi gjithçka. Pikat e dobëta të burrit, ai sigurisht i dinte mirë. Infermierja mori gjërat që duheshin. Doktori më urdhëroi të vishesha. Ashtu bëra. Problemi yt janë gjëndrat mbiveshkore. Ato të pengojnë pjekurinë. Edhe kur vjen natyrshëm ato ta ndërpresin shumë shpejt rrugëtimin. Ato sikur të japin një gotë trishtim mëngjes për mëngjes. Ato të shtojnë rrudhat, madje i lënë të prehen dhe bëhen të përbindshme. Do presim përgjigjet e analizave dhe kam vërtet shpresë që të të gjallëroj, miku im i ri, t'i shtoj petlat e gëzimit në atë farë feje që ta ndiesh shpejt që je burrë dhe që ti ta puthësh vesën e mëngjesit në erën e jugut. I ke shenjat që nuk je qose. Hidhe poshtë nga vetja turpin, për ty s'ka e s'do të ketë kurrë turp, gëzimin s'do ta mbash më me paterica, mbiveshkoret e tua do ta mëkëmbin menjëherë harenë dhe hijeshinë! Dhe ti, djalosh, do ta ndiesh thellë dalldinë dhe ndërkohë ka për të marrë në krahë qielli, e mira dhe e bukura do të të mbajnë në prehër dhe, ke për ta parë, do të të këndojnë ninulla!... Qeshi. Më bubërroi edhe mua një e qeshur e lehtë. Ç'të ishte, vallë, ajo jetë?...

Në prag të largimit, erdhën përgjigjet e analizave. S'të mungon asgjë, më tha. I ke të gjitha predispozitat. Është pikërisht ajo çfarë dyshoja. Ilaçet i kam në farmacinë e spitalit. Duhet të jesh mjaft rigoroz. Do nisësh të vraposh, jo, jo të ecësh, por të vraposh! Gjysmën e ditës do vraposh. Vrapi të bën burrë më herët nga ç'mendon. Dhe piji ilaçet, mos u merr me lutje, le të vënë përpara një mal me lutje, nuk janë ato që të japin dashurinë e munguar. Menjëherë do nisësh ta kuptosh se je vërtet në pranverën e jetës. Të është dashur një shtysë nga jashtë dhe unë po ta jap. Po ta jap me kapacitet të plotë, pa kufi. Ai miku do të rritet vrullshëm, edhe herdhet po ashtu. Shumë shpejt do jesh një burrë jo dokudo. Do të të mbaj një javë këtu në spital. Dhomë të veçantë. E di ç'do të thotë të jesh si ti sot. Të dalloj fort mirë. Por mos harro, kur të jesh gati dhe t'i thuash mirëmëngjesi botës mbarë, do ta kuptosh se me petale do mbushet gjithë hapësira që të ka lënë pas trishtimi i ndëkryer që të kish zënë rrugën si një e keqe e flamosur. Hej djalosh! As e merr dot me mend si do jesh ti!

Më dukej se filloi edhe ai të sillej krejt i pakujdesshëm me natyrën time të rënduar nga ky hall, që mos e pastë njeri tjetër. Më mbetej aq pak kohë të përfytyroja se rrebeshi i gëzimit do të bjerë me siguri edhe mbi lulet e hidhura që na ka prurë fati i keq. Një fije shprese, tashmë e gjallëruar paksa po më përkëdhelte dhe gjithashtu po nuhasja krejt ndryshe nga një ditë më parë. Më shtrinë përmbys në dhomën speciale të doktorit dhe një burrë, infermier, me duart leshtore, pas ca minutash, më nguli një alamet gjilpëre në fund të kurrizit, dhe unë mbeta pa frymë, m'u bë si goditje rrufeje kur merr jetë një pështjellim gjigant brenda vetes dhe ti nuk je më si më parë. Mbeta në aht. Pas pak kuptova se isha gati ta bëja timin gjithë gëzimin dhe ta harroja një herë e mirë trishtimin e zi, duke lidhur fjalët e këqija rreth rrënjëve mashkullore, që do të doja t'i kisha sa të dashit! Oh! Po sa të dashit i ka edhe Xhel rrënxaku, por ato të tijat, që bien në sy të gjithë botës, s'ka ç'i do as dreqi! Duket se po më pëlqente të lidhesha rreth fjalës dhe shpirtit tim, pastaj atyre do t'u mjaftojë të mbushin shekujt me emocione të përjetshme...

- S'ke pse e bën më veten ndryshe nga ç'je në të vërtetë, - më tha doktori i qeshur, pas një ore dhe më ra faqeve. - Sepse je djalë edhe pse nuk e ndien fare këtë! Por do ta ndiesh shpejt një trazim tjetërlloj, ndryshe nga më parë, ke për të përjetuar një lëvizje tërë kënaqësi trupore, një gjarpërim plot ngjyra dhe gazmim të brendshëm tërë hare e freski çudibërëse. Duhet, duhet patjetër freskia, për të shuar zjarrin gjigant që të përfshin. Ajo është shenja e plotë e jetës, hedhja e farës në këtë botë, gjallërimi i padukshëm i një force edhe më të madhe se gjithçka që as mendohet në këtë gjendje!...

Një ligjërim i ndezur dhe i gjatë. Pak nga fjalët e tij, pak edhe nga thelbi im i leximeve të shumta, të cilat e bënin përplot ngjyra këtë jetë, që sapo ma përshkoi doktori. Pra edhe unë do shijoja ngjyrën e duhur, timen, tënden, edhe pse përbrenda ende ndihesha bosh. Sa mirë që kishte dalë sheshit gjendja ime e pa shpresë, me një joshje të fshehur, por gjithnjë me sy të flashkët, kalama i rritur, pa forcë për të qenë, me krimbin që lëvrin i trembur, i mbledhur kruspull diku thellë dhe pa pikë dëshire. Por ja që befas, një mijë diej turbullues nisën të buçisnin në veshët e mi, duke përfytyruar djalërinë e hidhur e të marrosur, krejt pa pikën e epshit, gjithnjë e urtë, jo trullosëse, krejt i flashkët me gjithçka edhe pse për çudi herë-herë kërkon vëmendje të çmendur...

Im atë kish gjetur një hotel dhe tërë kohën tjetër, gjithë ditën, gati qe lidhur në spital. Nja dy herë e vura re që seç bisedonte dhe qeshte me të madhe me doktorin, i cili nuk reshti asnjëherë t'ia zinte në gojë fatin e keq që e bën të vuajë një burrë kur nuk ndihet burrë, atë gjë të trishtë, por gjithnjë përmendte gjithë gaz se tashmë s'ke pse të mos e duash harenë dhe gëzimin... Mirëpo kjo gjendje përsëri tek unë ishte dhe natyrshëm që ta bënte edhe më të thellë hidhërimin. Ndërkaq vura re edhe një gjë tjetër. Sikur isha më i shkujdesur, sikur një yll po pikonte diku brenda meje pa u përcaktuar se ku, si një mbresë në lëkurën e një burri që s'është ende i tillë, po ama me shpirtin që ka nisur të fluturojë lart, si një gjendje që është e shpirtrave, po që ata janë krijuar për të mos u shuar kurrë e për t'më dhënë dritë mua, si dhe për të mos e parë në thellësi të vetes sime atë të një mashkulli të ftohur, siç mund të bëjë një burrë koti dhe e paqartë me thellësitë e nënvetëdijes së tij, po edhe me marrëzitë më të mëdha që kanë për të bërë më të thjeshtë praninë e asaj fare të munguar, por ama aq të thjeshtë, si dhe mijëra gjëra të tjera që duhet t'i përjetojë njeriu, burri, edhe kur është çyryk...

Ajo gjendje e re, që e ndieja larg, por të sigurt, po vinte dalëngadalë dhe me hap të lehtë, duke u shqiptuar nga miliona qeliza të ndezura, edhe pse pa qenë burrë ende, pa u ndërlikuar në sjellje magjepsëse, pa u dashuruar (veç ca ëndrrave të largëta!) me burrërinë e vërtetë, në një mjerim të thellë dhe i vetmuar thjesht si pjellë fantazie, pa praninë e perëndive me bekim hyjnor, por gjithnjë në imagjinatën e luajtur mendsh të një burri që s'e zotëron veglën e duhur, që ende s'ka hyrë fare në botën e paanë të seksit, si jetë e një bote materiale e të vrazhdë, buka e përditshme për t'u shijuar fort, siç bëjnë të tjerë e të tjerë, kredhur në botën e një gruaje, domethënë të jetë në gjendje për të ftuar hijet, se burrat hije ishin dhe janë, kur u mungon xixëllima e flakës së nxehtë, groposur diku nëpër flakën e zbehtë të kotësisë. Sa ëndrra dhe sa trishtim prej tyre jeton njeriu me veten më shumë se me të tjerët. E gjithë kjo kotësi ka për të qenë lëkura e fundit që e ndan nga humnera ku do të mbetej pas hiri i ëndrrave që u dogjën përfundimisht.

Ngadalë vërtet, por po e ndieja vlimin. Ishte ndezur zjarri dhe e ftohta kish mbetur në hirin e kujtesës. Me sa duhet shpejt do t'më rrëmbenin flakët. Poshtë te rrënjët po ënjtesha, i prekja me dorë dhe kudo, në çdo qelizë po më mbërthente fort një rrjedhë e lëngësht dhe e bukur, që më tepër e ndieja edhe si rrymë fluide që të gjallëron dhe të jep diçka të fshehtë dhe frymëzuese. Më dukej se po dilja nga vetja dhe më në fund diçka e magjishme ngjau, sikur atje tej m'u zgjat një dorë dhe duhej të shkoja me të... Jo, jam i sigurt, askush nuk e pa, nuk e vuri re fare! Ose do ketë ndodhur e kundërta, sepse është fare e thjeshtë për ta rrokur tek tjetri këtë gjendje, me siguri... Po, fundja, ç'rëndësi ka për të tjerët? Unë këtë e dija mirë. E kisha vuajtur. Prej dhimbjes. Ajo ma shkatërroi rininë dhe ma la të fshehur në hone e humnera të errëta dashurinë. Ajo, dhimbja! Jo, nuk është dhe s'ka pse të jetë dhimbje fizike, as vuajtje nga ndonjë sëmundje lënguese, jo, jo, më besoni, ajo që kam ndierë është fyerje për qenien njerëzore, pastaj edhe për qenien si burrë, poshtërim i thellë në shpirt. Dhe ndryshimi fatlum do të vinte atëherë kur s'mund ta mbaje më atë dhimbje, që pastaj nuk do ishte më aspak e turpshme që të dashuroje. Mund të ndodhte shumë më vonë që të mos dashuroje, por ama pa atë dhimbje therëse në shpirt, se kjo mundësi e krijuar, gjetja e forcës dhe e thellësisë së rrënjëve të tua t'u dha... Mirëpo, këtë askush s'mund ta thotë dhe as ta interpretojë më mirë sesa unë që e kam vuajtur aq keq. Fundja më mirë të mos e kuptojnë...".

E pashë dhe më pa në sy. Erni po qeshte. Ashtu më mbeti në mendje.

Tiranë, më 05 qershor 2023

AZGAN BERBATI

Legjendë e bardhë

Mbi një kalë të bardhë do shkoj
Në luftën time, në dasmën time, në dekën time...
Si në legjenda
Se kali e di kur njeriu e pret në besë njeriun
E luftërat veç njerëzit me njerëz i bëjnë
Po kur njeriu-njeriun mund
Triumfi e humbja
Duan një tjetër luftë
Dhe pambarim
Njeriu-njeriun mund...

Mbi një kalë të bardhë do t'u shkoj
Te porta e gjumit
Fëmijëve në përrallë
Dhe tambëlgjaken e bukur
Borëbardhë moderne do ta bëj.
Në tharkun e mollëve vjeshtore
Shtrigat bien në kurthin e mospërsëritjes
Fëmijët pa ankth të rriten.

Mbi një kalë të bardhë do shkoj
Mbas kodrës
Që s'e shihja në fëmijëri.

Këngë dashurie

Në detin e thellë të syve tu
Lundron etja ime,
Sa herë pi
Etja mbetet e pangime.

Edhe fjalët lodhur m'i ke
Se në çdo "po"
Një "jo"
E ke.

As ëndrrat më s'të mbërrijnë
Natë tek unë
E ditë tek ti.

Malet, detet, tokat krejt
Botën bëjnë ato
Sërish diçka më të madhe ka
E dashuria është ajo.

Ndjesi

U rrit lumi i mallit
Det i thellë u bë
Varka nostalgjike përkundet
Në duart e valëve të dehura;
Mbi male ka rënë alarmi i vjeshtës
Dhe brigjeve të vetmisë
Shkojnë mendimet e mia
Me shishen e qelqtë në dorë
Ku lotët ka ngujuar hardhia.

Udhëtoj shpesh
Mbi varkën retrospektive
(Ndonjëherë marr dikë me vete)
Dhe i dua për së dyti të gjithë që i desha
Nuk i vras më ata që i pata vrarë
(Nuk vriten të vdekurit)
I ribëj gabimet edhe njëherë
E vuaj me to
Po vuajtja është veç një fjalë
Kur lexohet
Dhe një teh që ecën në vena
Kur përjetohet...
Megjithatë
Asgjë ndryshe s'do bënim bashkë
Jeta ime
Edhe sikur ingranazhet e kohës
T'i kishim në duar...

Ky është një mësim nga kapitujt e paharrimit!

Lot mbi gur

Ra mbi gur një lot
O Zot, liri! - thirri dikush
Ah! Gjëmoi bjeshka!
Guri u ça
E në zemër i mbiu një lule
Lulegjaku ishte
A luleloti
E diti veç Zoti
Po shqiptarit në lot
Lulja i mbin
Për ta nderuar lirinë
Dhe nga gjaku lind vet liria
Ah! - gjëmon bjeshka
Prej toke dalin lisa
Ah në ah djepat
Që do përkundin trima!

Dehje

Ti je vjeshtë
Ku rrushi i zi
Piqet në sytë e tu
E damarëve rrjedh vera
Që i deh sytë e mi.

Në qiell
yjet hapin zjarr
Dhe shembin fortesën e territ
…
Gjatë dehjes, gjatë puthjes.

Erosmetri

Fati e deshi që unë të kryeja një specializim afatmesëm në Japoni, në lëmin e Shpikjes së Instrumenteve të Dobishme Erotike (SHIDE). Ishte i tejngjeshur në njohuri teorike e praktike, mjaft i përparuar për kohën e botën dhe i hapur për brezat e tjerë të njerëzve, pasardhësit tanë...

U ktheva në atdhe pak i lodhur, i mbingarkuar me ëndrra dhe energji të reja. Ky specializim më eci vërtet mbarë. Disa karakteristika të mira të njerëzve në vendin ku u specializova m'u ngjitën si punë gripi. I kisha thithur bashkë me ajrin e atij vendi.

U bëra shumë praktik: mendja filloi të më punonte shpejt, për së mbari dhe së tepërmi. Gjithfarë shpikjesh më vinin në kokë, madje disa më shfaqeshin edhe nëpër gjumë, si midis ëndrrës dhe zhgjëndrrës. Turli veglash dhe instrumentesh, ndonjëherë të gjitha të padobishme...

Skicova plot modele çelësash e kasafortash të panjohura më parë, disa prej tyre që mbajnë hajdutin në vend, të tjera me efekte nervoparalizuese; modele armësh të ndryshme, nga më të lezetshmet, disa pajisje të thjeshta dhe praktike për të prodhuar kartëmonedha thuajse si të vërteta... dhe, më në fund, pata fatin të shpikja kryeveprën time, "Erosmetrin", instrumentin më të dashur, më të famshëm dhe më fitimprurësin. Tek ai kisha shumë shpresa; duhej të më bënte të pavdekshëm në jetë të jetëve.

Në fakt, ky aparat i thjeshtë është 'Dashurimatësi', që është përdorur pak kohë nga fundi i viteve tetëdhjetë të shekullit XX në Japoni, por u përdor vetëm për disa ditë. Për shkak të një defekti... Nejse.

Fillimisht, instrumenti im i dashur më shërbeu më tepër për përdorim personal. Dikush ka thënë se një nevojë praktike e jetës njerëzore e shtyn shkencën dhe teknikën përpara më tepër se dhjetëra universitete… Të vërtetën ka thënë njeriu i mençur. Por, diçka ndodhi. Diçka shumë interesante. Sapo isha fejuar, por siç ndodh rëndom me njerëzit, më lindi dyshimi se mos gruaja ime e ardhshme më donte më tepër për interes. Si mund ta pikasja djallëzinë e saj? Si mund ta matja dashurinë që ndjente për mua?! Kështu, duke bluar me vete këto pyetje dhe dyshime, ndërtova "Erosmetrin", i cili do bëhej i famshëm e do më sillte edhe shumë fitime, paçka se do na shkaktonte edhe ndonjë kokëçarje, po edhe ndonjë fatkeqësi… Gjëra të njohura këto në historinë e shpikjeve të mëdha e të rëndësishme të njerëzimit.

Në fakt, Erosmetri im nuk është gjë tjetër veçse një termometër paksa i veçantë, i modifikuar, i cili mat sasinë apo nivelin e ndjenjave dhe dashurisë. Por ka një ndryshim: në vend të zhivës, merkurit, Erosmetri ka metanolin, që e njohin fare mirë ata, të cilëve u është mërzitur jeta, dhe një substancë që e shumëzon helmueshmërinë me shumë herë, qoftë edhe me nuhatje.

Në fillim e përdora si lodër fëmijësh. Ua vija të vegjëlve te kraharori i butë dhe i brishtë dhe Erosmetri tregonte se sa shumë dashuri dhe sinqeritet kishte në zemrat e tyre të vogla, të pastra e bujare! Dashuri, pafajësi, sinqeritet, thjeshtësi… e shihja shtyllën e metanolit tek ngjitej e kjo më kënaqte pa masë. Por gabimisht m'u rrënjos në kokë mendimi se, me rritjen e moshës, te njerëzit do rritej edhe dashuria, kjo ndjenjë nga më fisniket, më të lartat dhe më të bukurat për njeriun. Se ne nga dashuria vijmë dhe drejt dashurisë shkojmë…

Nuk kaloi kohë dhe lodra ime e dashur u mor shumë seriozisht. Nisi të përdorej gjerësisht nga të rriturit. Dhjetëra e qindra kërkesa më vinin çdo ditë nga të katra anët e vendit. U kisha dhënë të fejuarve e të martuarve në dorë një armë të fuqishme, me të cilën mund të matnin dashurinë dhe ta njihnin më mirë njëri–tjetrin, pa pasur nevojë të kërkonin apo sajonin prova të vështira, të rrezikshme, kohëhumbëse e sfilitëse.

Ndërkohë, e fejuara më ishte afruar edhe më shumë, kurse unë gjithnjë e më tepër dyshoja në sinqeritetin dhe vërtetësinë e dashurisë së saj. Më në fund, vendosa ta përdorja instrumentin tek ajo. Ia shfaqa si me drojë këtë mendim.

116

- As mos e diskuto, - ma ktheu me zë ledhatues, duke më gudulisur lehtë nën sqetull, atje ku unë, në të vërtetë, nuk ndjej asgjë. Pastaj shtoi pak hatërmbetur: - Dashuria ime për ty nuk njeh kufij. Zemra ime...

Me kalimin e kohës e kisha përsosur Erosmetrin. Modifikimin e fundit ia bëra te shkallëzimi, atje ku lëviz shtylla e lëngët e metanolit. I qëndisa poshtë, në bazë, një vizë të kuqe, që kishte të përcaktuar nivelin minimal të ndjenjave - atë minimalen e lejueshme, siç thonë matematikanët. Nëse përdoruesi i instrumentit kishte një nivel më të ulët se aq, qelqi delikat çahej dhe... gazi tepër helmues përhapej i lirë në ajër dhe avullonte.

Pyeta mjekë, ekspertë të jurisprudencës, psikologë, sociologë, etj., për problemin e minimales, asaj vijëzës poshtë; vetëm me politikanë nuk më shkoi mendja të këshillohem. Mbase mund të më jepnin ndonjë mendje edhe ata... Ama të gjithë ishin në të njëjtën mendje me mua: përse vallë duhet të rrojnë ata që nuk kanë nivelin minimal të ndjenjave njerëzore, që nuk kanë dashuri?!

E fejuara e provoi me sukses Erosmetrin. Qelqi delikat u ça sakaq dhe gazi helmues i shkaktoi vdekjen e menjëhershme. Hajde, ç'vdekje fantastike që ishte! E lehtë, e sigurt dhe e ëmbël. Vdekje mbretërore. Pa pikën e vuajtjes, të dhimbjes dhe të përpëlitjes. Vdekje si të sajën kishin provuar edhe njerëz të tjerë, përdorues të pasionuar të Erosmetrit tim famëmadh. Ata ndërruan jetë tak-fak, për faj të tyre, sigurisht. Por njerëz të tillë sa vinin e shtoheshin. Zemrat e tyre mbanin vetëm vrer, urrejtjeje, zili... prirje për t'u bërë intrigantë, kriminelë, vrasës...

Kështu, më në fund, kuptova se kjo botë është kaq e keqe ngaqë në zemrat e shumë njerëzve nuk ka dashuri. Por nami mori dhenë; qeveria mësoi rreth bëmave të Erosmetrit dhe e ndaloi kategorikisht përdorimin e tij. Sa keq! U kursyen kështu jetë të kota e ndoshta të dëmshme të mijëra e mijëra njerëzve!

Unë kalova ca kohë në paraburgim, por fitimet e majme të deriatëhershme më shpëtuan. Dola shpejt, duke ia hedhur paq dhe pa lagur. Por u detyrova t'ua shisja aparatin për hiç mos gjë ustallarëve të tregut, që shkuan ta tregtonin në vendet e largëta dhe të prapambetura të Afrikës, Azisë dhe Amerikës Latine. Ata u kthyen duarplot dhe ndërtuan gradaçela të bukura në mes të kryeqytetit tonë të dashur, duke pastruar me marifet e zgjuarsi duart e tyre të ndyra. Ç'tu bësh?!

Unë mbeta me gisht në gojë; as i pasur, as i varfër. Një gjeni i heshtur në mes të lëmazhdave të zakonshme të përditshmërisë. Shpikje si Erosmetri zor se pjell më mendja e njeriut!

Megjithatë, dëshira për të shpikur ndonjë gjë të jashtëzakonshme, që do i hyjë sërish në punë njerëzimit, më zgjohet herë pas here; një dëshirë e ethshme, që s'e ndal asnjë vijë e kuqe, si ajo vija fatale e Erosmetrit tim të famshëm.

REI HODO

"motive shqiptare"

✻✻✻

nga njerëzit mendësia e dimrit duket se zbutet
në moshën e pranverës
edhe atëherë kur në krahun e një peme
një zog i zhveshur lakuriq
mbyll sytë nga dhimbja e motit

ti që quhesh njeri ndoshta s'mundesh
larg në qiellin që gjithë botës i përket
të qëndrosh i fshehur

nga njerëzit mendja e dimrit zbutet
edhe atëherë kur në moshën e botës
do të festohen vetëm ditëlindje njerëzish

të gjitha vargjet mbarojnë me ty...

nga koha vetëm një grusht flatrash pulëbardhash
kanë mbetur dhe një det me heshtje

dallgë të serta si plagë që kullojnë jod
por edhe këtë mbrëmje në syrin e bregut shfaqesh ti

vjen si një kohë e paqenë
si një e shkuar e tradhëtuar me të ardhmen
në shtratin e së tashmes

ka mbetur një det me heshtje dhe një breg
që
krahëhapur pret të gjitha vargjet që mbarojnë me ty

kur pret vdekjen...

s'di a i vdekshmi apo vdekja lodhet më shumë
nga mërzitia e pritjes në buzën e asaj porte
që s'di në e madhe apo e vogël gjallon

botët sapo i kanë shpallur të kundërtave
luftë
urraaa
janë paracaktuar humbësit dhe fituesit
shkoni dhe i gjeni në shpirtrat gjysmë të prerë
të trungjeve në atë pyllin e zhvirgjëruar
për të cilën një kronikë televizioni
përgjumi mbrëmjen e njerëzve

s'di a bota apo vdekatarët do gëzojnë më shumë
humbësit dhe fituesit nuk njohin as veten as tjetrin
ky është ndoshta mëkati pa e ditur a është ky

në një pyll tjetër ca më larg gatitet shtrati
për fatin tragjik të së kuqes së gjakut
që ende në vendin që quhet Shqipëri është mëkat
dhe as vullneti i hyut nuk mund ta falë

nuk dihet në vdekja apo të vdekshmit
drobiten më së shumti në pritjen e çastit të fundit

botët kanë nisur luftën dhe pas xhamit të syzeve të mia
vështirë të njoh humbësit dhe fituesit

ajmè në ndonjë pyll shkrimtarësh a poetësh
do rend të gjej shpirtin e varrit tim dhe ndoshta
në atë vend që quhet Shqipëri
e kuqja e Onufrit nuk do jetë mëkat

motive shqiptare...

një re e zezë zbardhet në katundin përbri
asaj kalaje që fshin lotët
me mëngët e blujta të një lumi

diku tej një monedhë e argjendtë
më tutje një hap kërcimtar që
dallgët i sjell në buzë të këngëve

në qiell një grusht yjesh majhoshë ulen në gosti

një re e bardhë ulet në katundin përbri
dhe rendin njerëzit me duart gati
thua se shuhet flaka olimpike

ajmè

një re e bardhë si fytyra jote
rron veç në poezi

***

trumbetohet kudo një ditë e re
njerëzit mburrin vetvetet
në ekranin modern të një marke të njohur
plazhet e lashta trondisin sy të beftë
diku më tutje mosha e një zotërie
flet më shumë se fjalët e tij
por bota ka ende vend për fjalë zëngritura

e diel mes janari...

foleja e detit ka mbetur po ajo
e pagojë plot drojë nga fjalët gjer n'eter
e bukur si ty kur doherë bota të ngjante
edhe më botë
dhe me karafilin e skuqur
bashkë me të në këmbët e detit
me peshën e një dite që të nesërmen e jotja dhe e botës
 s'do të qe më

në kodrat e qytetit degët e ullinjve
deri në kurvëri dashurohen
treten në lëngjet e epsheve të rrënjëve të kësaj bote
që në të sotmen është e jotja dhe e botës
por në ditë si kjo nuk ndodh që ti të ecësh përkrah
karafilit tënd

ndoshta je tepër e zënë duke dashuruar përjetësinë

avionët u ngritën dhe shkretia symbyllurazi
jargavitet në pistën e akullt nga qenia mbinjeri
pilotët kthehen në qytetet e tyre
dhe do të dremisin në ëndrra shtrati

e nesërmja me siguri do të të gjejë
një karafil edhe më të përskuqur
ta vendosësh në këmbët e monumentit të botës

✻✻✻

ora gjysmë e zbardhur më tregon se nata
nuk ka shumë që ka mbërritur
mesnata nuk është ende mes nesh
për aq kohë sa janë tjetërlloj botët që jetohen mesnatave
dhe si mburojë nga të ftohtit kanë një mot
nga përrallat e një mijë e një netëve

    mbi poetët nuk mund të bjerë kurrë
    ndëshkimi i harresës
    ata lidhen për gryke me një tingëllimë

ti ndoshta e qetë lëkundesh në ajrin me molekula të rënda
e lehtë si vetë mrekullia e qenies tënde
që s'mund të bëjë pa një buzëqeshje metafore

tjetërlloj janë jetët që jetohen në mesnatë
në mesbotë
dhe ti nga i ftohti që lakmon ngrohtësinë tënde
mbështillesh si qenie e pakohë
duke besuar në atë ç'ka thanë se
kohët nuk do të vijnë më

mesnata nuk është ende mes nesh
por ti me siguri e di se unë
edhe letrën e fundit do ta shkruaj për ty

***

në ftohmën e dimrit fjalët edhe ftohen
si dy barka të veçuara buzët e tua në një det
 të lodhur nga e acarta e motit të humbur sysh

kurmi yt s'fle më në tokën e dhomës së purpurt

tani me ty dashuri bën deti

si dy botë të veçuara gjinjtë e tu në një qytet
që s'qe kurrë i madh për shpirtin tënd

kurmi yt s'fle më në rrjedhën e mëndafshtë të
ofshamës rënkuese që vdekjen e ndjell
fle i drobitur nga mëkati i të qenit përjetësi
në tokën e të panjohurve

për të gjallët në qytet deti mbeti vetëm ujë

në agoranë e madhe...

zotave u gjeta një ëndërr
prej mallëngjimesh
Zeusi përkund fjetjen e botës
ndërsa ti diatemë
shtriqesh epshmërisht në pëlhurën e akullt
të kujtimit të Penelopës

unë para agorasë së madhe ngjaj se
zvarritem i tërhequr pas vargjeve të mia
që ecin me rregullin e Pitagorës

mjerisht pa sy mbetem pa gojë kur më zgjon mendimi
se mëria e Zeusit mund të mallkojë qenien e unit tim

kudo njerëz zot kudo njerëz
që sillen tek madhështia jote si në udhën e Abazalisë
por që këtejmi Tomorri më ngjan edhe më i bukur

Akropoli, 24.01.2024

***

retë më ftuan në shtratin e tyre që më bëhet
një botë e madhe pa rregulla të stisura atypari

unë jam asgjëja që mbjell një rrënjë nga imja
në çdo univers që
jeta shkëmben me vetë jetën

heronjve gjumi i moleps sytë e lodhur nga fitoret
përtejmi maleve më flet Shqipëria
që në një shtrat të paqenë lëngon ende

Athinë - Tiranë; 25.01.2024

DINO BUZZATI

Guna

Pas pritjes pambarim, atëherë kur shpresa po zinte të venitej, Xhovani u kthye në shtëpi. Nuk
kishte shkuar ende ora dy, e ëma po ngrinte tryezën, ishte një ditë gri marsi dhe në qiell fluturonin sorra.

Ai u shfaq befas te pragu dhe e ëma thirri: "Oh, bekuar qofsh!", duke vrapuar që ta përqafonte. Edhe Ana me Pietron, motra dhe vëllai, shumë më të vegjël në moshë, filluan të lëshonin klithma gëzimi. Ky ishte çasti i shumëpritur, kaq shpesh i ëndërruar agimeve, që duhet të rikthente lumturinë.

Ai s'foli pothuajse asnjë fjalë, me zor të madh i mbajti lotët. Lëshoi menjëherë kordhën e rëndë mbi një karrige, ndërsa në kokë mbante ende veshur kapelën prej gëzofi.

"Pa të të shoh", tha mes lotësh nëna, duke u tërhequr pak mbrapa, "pa të të shoh, sa qenke zbukuruar. Qenke i zbehtë, ama".

Ishte zverdhur disi dhe dukej si i zgajtur. Hoqi kapelën, shkoi ne mes të dhomës dhe u ul. Sa i lodhur, sa i lodhur që ishte, edhe të vinte buzën në gaz i rëndonte.

"Po hiqe gunën, mor bir", i tha e ëma, që e shihte të birin si perëndi, aq sa ndiente ndrojtje ndaj tij; sa ishte zgjatur, bukurosh dhe krenar (ndonëse disi i zbehtë).

"Pa hiqe gunën, ma jep mua, nuk ke vapë?".

Ai u mblodh instinktivisht duke mbërthyer pas vetes gunën, nga frika se mos ia hiqnin.

"Jo, jo, më lër", u përgjigj turbullt, "ta mbaj më mirë, pas pak do më duhet të dal".

"Do dalësh? Kthehesh pas dy vjetësh dhe do që të dalësh menjëherë?", pyeti ajo e keqardhur. "Tani do dalësh? S'do hash ndonjë gjë më parë?".

"Kam ngrënë, nënë", u përgjigj i biri me një buzëqeshje të

129

stampuar në fytyrë. "Qëndruam në

një gjellëtore rrugës, disa kilometra para se të mbërrinim këtu...".

"Domethënë, nuk paske ardhur vetëm? Kush është me ty? Ndonjë shok regjimenti? I biri i

Menas?".

"Jo, jo, dikush që takova rrugës. Po më pret jashtë".

"Po të pret përjashta? Pse nuk e fute brenda? E le në mes të rrugës?".

Doli në dritare. Përtej kopshtit, matanë gardhit prej druri, pa një figurë që endej ngadalë lart e poshtë. Dukej mjegullt dhe të jepte ndjesinë e të zezës. Atë çast, në shpirt të saj, në mënyrë të pashpjegueshme, krahas vorbullës së gëzimit, lindi një dhimbje e mistershme therëse.

"Më mirë jo", u përgjigj djali prerazi. "Do e kishte bezdi, është tip i çuditshëm".

"Po t'i nxirrnim një gotë verë? Hë, një gotë verë?".

"Më mirë jo, nënë. Është mëndje më vete, mund të nxehet".

"Po ç'të jetë ky tipi? Nga e gjete? Pse shoqërohesh me të?".

"Nuk e njoh dhe aq mirë", tha djali kokulur. "E njoha gjatë rrugës dhe m'u bashkua".

Dukej sikur donte të ndërronte bisedë, sikur i vinte turp. Dhe nëna, për të mos e mërzitur, ndryshoi temë, por ama u shua në fytyrën e saj të dashur drita e mëparshme.

"E përfytyron dot Marietën kur të marrë vesh që je kthyer? Do hidhet përpjetë nga gëzimi! Prandaj do të dalësh? Që të shkosh tek ajo?".

Ai vetëm sa buzëqeshi, me buzëqeshjen e dikujt që do të shfaqë gëzim, por nuk mundet.

E ëma nuk arrinte të kuptonte: përse rrinte ashtu i ulur, gati i trishtë, njëlloj si ditën kur u nis?! Tashmë ishte kthyer, një jetë e re e priste, një pafundësi ditësh pa kokëçarje, një varg i stërgjatë mbrëmjesh së bashku, që humbiste në pafundësinë e viteve që do vinin. Kishin mbaruar netët e ankthit kur në horizont shfaqeshin shkreptima zjarri dhe mendja i shkonte se edhe ai mund të ndodhej mes tyre, shtrirë përtokë, me gjoksin e shpuar, mes rrënojash të përgjakura. Më në fund u kthye, më i bukur se më parë. Sa do

130

gëzohej Marieta. Pas pak fillonte pranvera, do martoheshin në kishë, një të diel në mëngjes, mes tingullit të kambanave dhe luleve. Përse rrinte si i shushatur, nuk i qeshte buza?! Përse nuk tregonte për betejat? Po gunën? Përse e mbante veshur, me gjithë vapën e madhe që bënte në dhomë? Mbase ngaqë uniforma poshtë gunës ishte e grisur dhe e ndotur. Po pse, nga nëna e vet t'i vinte zor? Kujtoi se i sosën vuajtjet, por ç'ne.

Fytyra e saj e ëmbël, pak e kthyer anash, e vështronte me ankth, e kujdesshme që mos ta bezdiste, duke u përpjekur të përgjonte gjithë dëshirat e të birit. Mos ishte gjë sëmurë? Apo thjesht i lodhur? Përse nuk fliste? Përse i shmangej vështrimit të saj?

Dukej qartazi që shmangte çdo kryqëzim vështrimesh, sikur t'i druhej diçkaje. Vëllai dhe motra e vështronin të heshtur, në siklet edhe ata.

"Xhovani", mërmëriti nëna pa u përmbajtur dot më. "Më në fund të kemi në shtëpi, të kemi në shtëpi! Prit të të bëj një kafe".

Shpejtoi drejt kuzhinës. Xhovani mbeti me vëllain dhe motrën. As që do e kishin njohur njëri-tjetrin sikur të ishin takuar rastësisht në rrugë. Çfarë ndryshimi në këto dy vjet! Tani vështronin njëri-tjetrin në heshtje, pa gjetur fjalët, por herë pas here buzëqeshnin, që të tre, sikur të kishin një pakt të hershëm mes tyre.

Dhe ja tek kthehet nëna me kafenë e avullt dhe me një fetë kek. Ai e rrufiti filxhanin me një

frymë dhe filloi të përtypte kekun me përtesë.

"Pse? Nuk të pëlqen? Dikur ishte pika jote e dobët", donte ta pyeste nëna, por heshti për të mos e bezdisur.

"Xhovani", i propozoi ndërkohë, "ke qejf të shohësh dhomën tënde? Kemi vënë krevat të ri, kemi lyer edhe muret, eja ta shohësh... po këtë gunën nuk do e heqësh?... nuk ke vapë?".

Ushtari nuk u përgjigj, por u ngrit nga karrigia dhe shkoi drejt dhomës. Lëvizte me ngathtësi të madhe, a thua se nuk ishte vetëm njëzet vjeç.

E ëma vrapoi para për të hapur grilat (por hyri veçse një dritë e vakët, pa kurrfarë gjallërie).

"Sa bukur!", tha ai me një entuziazëm të zbehtë porsa vuri këmbët te pragu i dhomës, nga ku dukeshin mobiliet e reja, perdet e pastra, muret e bardhë, çdo gjë e rregullt dhe e pastër. Kur e ëma u përkul për të rregulluar batanijen, edhe ajo e re kartë, ai hodhi vështrimin mbi supet e saj të mpakur; ishte një vështrim aq i trishtë, sa nuk mund të tregohet me fjalë, por që askush nuk e pa. Ana dhe Pietroja qëndronin mbrapa tij, me surratkat rrezatuese, duke pritur të shihnin reagimin ngazëllues dhe të befasuar të vëllait. Por hiç.

"Sa bukur! Shumë faleminderit, nënë", ishte gjithçka që ai tha.

Lëvizte sytë i brengosur, si dikush që mezi pret të mbyllë një bisedë të sikletshme. Dhe herë pas here shikonte me një shqetësim të dukshëm përmes dritares, gardhin e gjelbër prej druri, pas të cilit një figurë sillej lart e poshtë me ngadalë.

"I kënaqur je, Xhovani? A je i kënaqur?", e pyeti ajo, e paduruar për ta parë të lumtur.

"Oh, po, shumë bukur", u përgjigj i biri (por përse nuk pranonte të hiqte gunën?) dhe vazhdoi me

buzëqeshjen e sforcuar.

"Xhovani", iu përgjërua ajo. "Çfarë ke? Çfarë ke, Xhovani? Ti më fsheh diçka, përse nuk do të ma thuash?".

Ai kafshoi buzën, iu bë një lëmsh në grykë.

"Nënë", u përgjigj pas një çasti me zë të shuar, "nënë, tani duhet të shkoj".

"Duhet të shkosh? Por do kthehesh shpejt, apo jo? Do shkosh tek Marieta? Pa më thuaj, tek Marieta do shkosh?", u përpoq ta ngacmonte e ëma me gjithë dhimbjen që ndiente.

"Nuk e di, nënë", u përgjigj ai, gjithmonë me atë tonin e përmbajtur dhe të hidhur, duke u drejtuar për nga dera, pasi mori kapelën prej gëzofi. "Nuk e di, por tani duhet të shkoj, po më pret tjetri".

"Por do kthehesh më vonë? Do kthehesh? Pas nja dy orësh do jesh kthyer, apo jo? Do lajmëroj të vijnë edhe xhaxhi Xhuljoja me tetën, sa do gëzohen edhe ata, përpiqu të vish para se të shtrojmë drekën…".

"Nënë", përsëriti i biri , sikur t'i përgjërohej të mos thoshte më asgjë, të heshtte, për atë Zot, të

mos ia shtonte dhimbjen. "Duhet të shkoj, tani, po më pret ai, është treguar boll i duruar". Dhe e vështroi me një shikim që të këpuste shpirtin.

Iu afrua derës, vëllai dhe motra, ende në gëzim e sipër, e shtrënguan pas vetes dhe Pietro ia ngriti gunën nja dy pëllëmbë për të parë se ç'kishte veshur poshtë i vëllai.

"Pietro, Pietro! Mjaft! Çfarë bën? Lëre, Pietro!", i thirri e ëma, që i druhej zemërimit të Xhovanit.

"Mos, mos!", bërtiti edhe ushtari, pasi vuri re veprimin e të voglit. Por tepër vonë. Guna e

kaltër ishte hapur nja dy pëllëmbë për një çast.

"Oh, Xhovani, biri im, ç'të kanë bërë kështu?", belbëzoi e ëma, duke ia marrë fytyrën mes duarve. "Xhovani, ky është gjak!".

"Duhet të iki, nënë", përsëriti ai për herë të dytë, me një vendosmëri të dëshpëruar. "Boll e lashë të më presë. Mirupafshim Ana, mirupafshim Pietro, lamtumirë nënë!".

Arriti te dera. Doli sikur ta kishte marrë era. Kaloi kopshtin thuajse me vrap, hapi deriçkën

e gardhit, dy kuaj u nisën me revan, nën qiellin gri, jo në drejtim të qytezës ama, shkuan përtej fushave, në veri, në drejtim të maleve. Me revan.

Dhe atëherë nëna më në fund e kuptoi. Një gropë e pafundme, që kurrë nuk do arrinte të mbushej dot, iu hap në zemër. Kuptoi atë punën e gunës, trishtimin e të birit dhe mbi të gjitha kuptoi se kush ishte ai tipi i mistershëm, që endej lart e poshtë në rrugë duke pritur, se kush ishte ai personazh i çuditshëm dhe tejet i duruar. Aq i duruar dhe i dhembshur sa të shoqëronte Xhovanin tek shtëpia e tij e vjetër (para se ta merrte me vete përgjithmonë), që të përshëndetej me të ëmën dhe ta priste për gjithë ato minuta mbrapa dere, më këmbë, ai zot i botës, në mes të pluhurit, si lypës i uritur.

Përktheu: Kristi Nasto

Kujtesë

E zeshkët

Ajo zgjat dorën
Zhveshur mbi banak
deri thellë te supi i nxirë
Në një ëmbëltore tetovarësh
Merr akulloren
Ata janë zgjuar me natë
Fshijnë djersët që u rrjedhin
Rrëke hapin sytë
Derisa ajo hedh floknajën
Mënjanë shkujdesur qet gjuhën
Me nxitim lëpin një çurk
I rrjedh mbi gishtërinj
Përkul belin e hollë gjarpëron
Lakoret e buta të rrumbullakëta
Thith pastaj ngadalë akulloren që shkrihet
Nxiton kamarieri i ri pa gjumë
Ngul sytë në vijat e saj gjarpnojnë
E zhduken diku larg dhe shtanget
Një ushtimë e qelqtë dhe zgjohen të gjithë
Me thërmija shtrohet rruga
Ajo rrugë e ngushtë kah ik ajo veç ik
E thotë plaku që rri mënjanë allah
Si e bon haram robi

Basri Çapriqi, poet e studiues, lindi në Ulqin, në vitin 1960. Studioi e u bë profesor në Universitetin e Prishtinës, ku dha leksione mbi stilin, semiotikën dhe poezinë bashkëkohore shqiptare. Vepra e tij poetike është një prej më të rëndësishmeve në gjuhën shqipe. Kritika letrare e ka vlerësuar si një prurje vetanake, si poezi e ironisë, por edhe të një hermetizmi të pashmangshëm, për rrethanat e kohës kur u krijua. Ku cikël poetik vjen për gjashtë vjetorin e ndarjes nga jeta të poetit.

Dera

Dera s'është frikë
Mbyllet vetvetiu
Nga guximi ynë
Për të shuar dritën
Kur këmbët shkëpusim
Nga terren i fortë
Për me ba harqe n'ajër
Nis lëkundet besimi
Varur
Në shpinë të derës
Dera s'është mashtrim
Po na u desh shumë
Kohë të kuptonim se
Nuk është në dorën tonë
Të heqim nga mendja
Gjithë atë barrë të
Përjetshme
Kur do thyhet dera

Daullja

I biem
Sa fort i biem
Kësaj lëkure të huaj
Nga thellë nxjerrim tinguj
Të lumtur
Me zbutë pak shpirtin tonë
Bum
Bum bum
Bum
Sa thellë
Nën këtë lëkurë të egër
Shpirti ynë i butë
Bum

Përkryerja e shiut

Nuk bie gjë nga lart mbi urën ku rrimë ne
Ulet ngadalë na futet pas qafe çurk teposhtë
Me na dridhë shtatin
Kur të ngrihen sërish ato pika ne s'jemi aty
Se mbyllim sytë me përpi tingujt
Nuk shohim mjegullën as harbimin e gjetheve
Një herë tjetër na ulen litarët e qullur
Na lidhen për trupi na luhasin na shkundin
Me na ra fara n'atë ujë që zgjon valën
Kaq kohë presim atë ujë të rëndë
Me na shkëput
Përgjithnjë nga tokë e dashur

Përkryerja e tlarrit

Unë jam zjarri
Më del nga goja nga sytë
Nga hundët
Jam zjarri
Lakuriq kur dal i kallur
Gocat mbledhin dredhëza të kuqe
Më hapin fushën kah do shkel barin
Kur më vjen një erë që më fryn
Mbi gaca
Hap me thonj një gropë
Varr për zjarrminë time
Sa të kuqe gocat me zjarrin
Nën këmbë
Presin hirin
Të shkundin mbi barë

Kuzhina

Ka mundur të jetë më e gjerë.
Ashtu mund t'i bëja vend komod thesit
të plastmasit të zi mbushur
çdo natë
me ushqime të tepërta. Kuzhina.
Ka mundur të ketë një derë.
Tjetra është tepër dhe krijon huti.
Vetëm kuzhina ka
një derë tepër në shtëpinë time.
Të gjitha metalet e mprehta
bien në sy ashtu të palara siç i lëmë tubë
derisa bëhen shumë. Shumë, shumë, derisa mbesim
dangall.
Kuzhina. Sa herë që hyj me marrë një gotë
seç pikon diku e rrjedh.
Kot përpiqesh ta sanosh ujin.
Aty rrjedh vazhdimisht.
Duhet të mësohesh me
defektin.
Siç mësohesh dikur
me thesin e plastmasit të zi aty pranë.
Them,
e po të mos ishim mësuar me atë defektin e përhershëm.
Me ujin që rrjedh kot e me thesin e zi prej plastmasi
që na largon ushqimet e tepërta.
Me kaq bark sa kemi do kishim plasur.
Sa fat o Zot
që s'jemi t'përkryer.
E mësohemi.

Varrezat

Sa shpejt i rrethojmë varrezat
Me rrethojë të lartë
Me shufra të dendura
Metali të zier
Ç'betejë do bjerë
Askush s'e di
Ata që kanë vajtur
Do turren të kthehen
Apo këta tanët
shtyhen të venë përtej
Kjo rri pezull gjithë kohën
Ata kanë mall
E ne luajmë me hekura
Ata kanë humbur betejën
Ne bëjmë rrethojë të lartë
Vëmë shufra të dendura
Ata të mos dalin
Kush t'na ndalojë
Ne jemi të fuqishëm
Dhe do kapërcejmë
Përtej
Do zëmë vendin andej
Të gjithë
Pahetueshëm

Teli në ballkon

I lidhur fort mbi kokat
E gjithë të tjerëve
Përfundi mban lagur këmishën me
Njollë të zverdhur
Terr i rëndë
Bie më vonë
Na fut në labirint ku
Duhet të harrojmë çdo gjë
Ëndrra
Të ngre
Se
Mbi tel era tund faqen e jastëkut të lagur
Ti
Kalon mbi të dorën e njomë lehtë
Dhe shtrin çarçafët e gjerë që
Na mbajnë zgjuar
Në terrin e dendur
Se
Mund të verbojmë Engjëllin o Zot
Kah hedhim shkujdesur gjymtyrët që
Na mpihen
Në tel vari të gjitha
Në mëngjes kullojnë rrëmbimthi
Mbi koka të atyre përposh
Është
Shenjë e mirë se jemi zgjuar sërish
Se
Është tharë këmishë e bardhë me njollë
Të verdhë që
Hap mëngët nga erë e veriut
Dhe
Them se është mirë që kemi telin në ballkon
Është lajmës i shpejtë
Kur na erret para sysh

Dritaret

e thyera, vetëm dritaret e thyera
grithin zërin tënd që më vjen nga
kuti e ftohtë sot që retë ulen zymtë
deri në fytyrat tona aq poshtë mund të
bien retë nganjëherë kur
ti shkujdesur shkel shkallëve të ftohta
e unë
rri kot rri nën ato dritare të thyera nën
atë shi me thërmija qelqi që grimcojnë fytyrën
tënde të shndritshme
e ti
ti hedh kot shikimin përtej pa një xham në
mes të përpin ajo zgavërr që ti e prek me
dorë që ti e ngroh me buzë atë zgavërr
të errët të ftohtë që ti e zë me gjunj
se
kot fare kot se si më vjen të mbështjell
trupin me atë mallotë lëkure të grithur
ato dritare të thyera që të kallin frikë
kah i mbulojnë flokët një
vashe me thërrmija qelqi të plasur
sikur më hedhin një humnerë përpara
andej kah ti shkel shkujdesur

Jastëku

Mora një jastëk me pupla t'buta.
E vura nën kokë, të bëj gjumë thashë,
ashtu butë e n'paqe. Ashtu të butë e
të bardhë e shtërngoja në gji. Lëmoja
për të fytyrën dhe përhapja frymën e
ngrohtë. Gjithë ata zogj të butë,
thosha, nën gushën time bëjnë paqen
e përhershme. Posa nisa të mësohem
të mos mundem pa të, ashtu ngrohtë e
butë se kah dolën ato pupla një e nga
një dhe mbushën njëherë tërë
dhomën, pastaj tërë shtëpinë, pastaj
tërë lagjen. Unë që isha mësuar tashmë,
ashtu butë e ngrohtë, me do ëndrra të largëta
mora sinjalin se më zunë
si ethe të ftohta. E s'u durova, si
s'plasa, zogj të egër u thash, me këto
pupla të bardha që na morët frymën.
Dhe u ftoh aty, vërtet u bë ftohtë. Ai
jastëk i lënë zbrazët nga puplat që
kishin ndërruar stinë më futi pas aq
kohësh në do shtëllunga leshi.

Përroi

Edhe pse ti kushtëzoje çdo gjë me
ndërrime të shpejta, ne vazhduam të
vemi atje te ai përrua i terur dhe e
mbushëm si më parë breg më breg.
Unë e kam vërejtur atë kafshë të
ngordhur pranë përroit. Dhe ti e ke
vërejtur.
Loja ka qenë e njëjtë, së paku kështu
pranonim pas çdo fundi të vapët. E
suksesshme. Pas çdo loje të suksesshme
unë derdhja ujë bregut të atij
përroi. Dhe ajo s'kishte të bënte me
ndonjë simbolikë të lidhur patjetër
me lojën. Në kuptimin, pshurri n'të,
për ç'gjë, të them të drejtën nganjëherë
frikësohesha se mund të marrë
edhe atë ngarkesë gjuhe para syve tu.
Kjo aspak s'kishte të bënte me ne, më
shumë mendoj se ishte një lidhje imja
specifike me natyrën. E kisha vërejtur
këtë edhe më parë sa herë gjendesha
në atë pyll, diçka më shtynte të derdh
ujë pa kthyer kokën as majtas, as
djathtas. Një ndjenjë se je vetëm dhe i
gjithëpushtetshëm. Po, ajo që pastaj
vazhdoi edhe në prezencën tënde pa
ndonjë vështirësi që mund të shkantonte
syri yt, më shtyn të mendoj se
nuk duhet kërkuar brenda nesh atë
ndërrim që duhet të ndodhë. Mbase
diçka është uniformuar në atë lidhjen
e hershme e të drejtpërdrejtë me
natyrën. S'e besoj se ka defekte aq të

mëdha në gjuhë sa ti të kesh vështirësi
të thuash se të pengon shumë,
jashtëzakonisht shumë ai akt ritual i
derdhjes ujë në atë breg përroi pas
fundit të çdo loje. Mendoj, në kuptimin
që gjuha mund të marrë ashtu
vetvetiu.

9 782390 690283